Wurst & Terrinen
selbst gemacht

Einfache Rezepte von Leberwurst bis Kalbspastete

Autor	Fotos
Harald Scholl	Fotos mit Geschmack – Sabine Mader & Ulrike Schmid

004 **SERVICE**

004 *Der Weg zur eigenen Wurst*

006 *Die wichtigsten Wurstarten*

008 *In der Hauptrolle: Fleisch*

010 *In Form gebracht*

012 *Tipps zum Umgang mit Gewürzen*

014 *Nützliche Helfer in der Wurstküche*

016 *Geschmack und Haltbarkeit*

018 *Schrittweise vom Fleisch zur Wurst*

122 *Register*

126 *Bezugsadressen*

128 *Impressum*

INHALTSVERZEICHNIS

020 **BRATWURST –
FÜR PFANNE & GRILL**

022 Heiß geliebte Klassiker

028 Die Besten aus aller Welt

048 **BRÜHWURST –
VIELFALT ZU BROT**

050 Am liebsten täglich

064 4 × Senf dazugeben

066 Mit Einlage

070 Ländersache

076 **ROHWURST –
OPTIMAL FÜR DEN VORRAT**

078 Auf die Hand

088 Groß und stattlich

092 Mett aufs Brot

096 **TERRINEN –
WURST MAL ANDERS VERPACKT**

098 Scheibenweise Genuss

106 Vorrat im Glas

120 4 × pikante Beilagen

3

Der schnellste Weg zur eigenen Wurst

Gibt es etwas Schöneres, als in eine würzige Bratwurst zu beißen oder eine Scheibe Gelbwurst beim Metzger geschenkt zu bekommen? Wurst, das ist Heimat auf die Hand.

Immer mehr Menschen stellen sich die Frage: Was steckt eigentlich in meiner Wurst? Schließlich wissen laut einem deutschen Sprichwort ja nur der Metzger und der liebe Gott, was wirklich drin ist – in Mettenden, Lyoner, Leberwurst und Co. Das Aussterben der Metzgereien an der Ecke, diverse Lebensmittelskandale und die Hausschlachtung als eine Geschichte aus Großmutters Zeiten, tragen zum Wunsch vieler Menschen bei, einfach mal wieder richtig gute Wurst zu essen. Der beste Weg dahin: Machen Sie Ihre Wurst doch einfach selber! Eine extra Wurstküche müssen Sie dafür nicht einrichten, denn die nötigen Geräte sind in vielen Küchen ohnehin vorhanden oder zu moderaten Preisen in Haushaltswarengeschäften oder über Internetversender erhältlich (Bezugsquellen siehe Seite 126). Mit Zutaten, die Sie selber aussuchen, und den Anleitungen aus diesem Buch ist es dann ganz einfach, das morgendliche Frühstück, die nächste Grillparty oder die Brotzeit zwischendurch mit köstlichen, selbst gemachten Wurstspezialitäten zu bereichern. Schließlich sollte es Ihnen, Ihrer Familie und Ihren Freunden ganz und gar nicht wurst sein, was in der Wurst auf dem Tisch steckt!

Die Bratwurst ist aller Würste Anfang

Als Einsteiger sollte man sich erst einmal an den relativ einfachen Bratwürsten versuchen. Falls beim Füllen des Darms etwas schiefgeht, können Sie aus dem Brät immer noch problemlos Frikadellen zubereiten. Wenn Sie wollen, brauchen Sie für Bratwurst noch nicht einmal einen Fleischwolf – bitten Sie einfach Ihren Metzger, das Fleisch für Sie zu wolfen. Anschließend würzen und verarbeiten Sie das Fleisch dann einfach, wie im Buch beschrieben. Bratwürste sind schnell zubereitet, lassen sich fast unbegrenzt geschmacklich variieren und sind vom Grill, aus der Pfanne oder als Zutat in einer Sauce unendlich vielseitig. Auch deshalb haben wir ihnen im Buch besonders viel Platz eingeräumt. Ihre nächsten Verwandten sind die Brühwürste, die vor allem als Brotbelag oder als Würstchen auf die Hand beliebt sind. Mit etwas Übung ist es kein Problem, seine eigenen Wiener Würstchen oder Weißwürste zu machen. Und den passenden Senf für jede Wurstgelegenheit geben wir Ihnen auch noch mit auf den Weg.

Die hohe Schule: Rohwurst und Terrinen

Etwas anspruchsvoller sind die Rezepte für Rohwürste und Terrinen. Dafür sind sie aber auch besonders ergiebig und haltbar. Der Aufwand, eine Salami selbst zu machen oder eine Terrine zu backen, mag auf den ersten Blick abschrecken. Doch unsere Rezepte sind auch für ungeübte Wurstfreunde einfach nachzukochen. Und mit einem selbst gemachten Chutney aus dem Vorrat wird aus Ihrer Terrine schnell ein edles Menü. Probieren Sie es doch einfach einmal aus. Sie werden sehen und schmecken: Selbst gemachte Wurst ist durch nichts zu übertreffen!

Wurstsorten zum Selbstmachen

Egal, für welche Wurst Sie sich entscheiden, denken Sie daran: Fleisch ist ein leicht verderbliches Lebensmittel. Verwenden Sie deshalb stets nur ganz frische und einwandfreie Zutaten und achten Sie bei der Verarbeitung penibel auf Sauberkeit!

1 | Bratwurst

Sie ist die Vielseitige unter den Würsten: Mit Bratwurst haben Sie immer schnell etwas zum Grillen zur Hand oder aber eine wunderbar würzige Basis für Pastasaucen. Sie ist unkompliziert herzustellen und deshalb der perfekte Einstieg in die Welt des Wurstmachens. Bratwurst wird aus rohem Fleisch, Speck und Gewürzen hergestellt und kann daneben noch bis zu zehn Prozent aus Flüssigkeit bestehen, etwa aus Wasser, Milch, Brühe oder auch Wein. Frische Bratwurst ist ähnlich wie Hackfleisch nur kurze Zeit haltbar und muss spätestens nach 24 Std. gebraten und gegessen oder für eine kurzzeitige Lagerung gebrüht werden. Wer Bratwurst auf Vorrat zubereiten möchte, muss sie zur längeren Aufbewahrung einfrieren und kann sie dann bis zu sechs Monate lagern. Übrigens: Der Name Bratwurst bezieht sich nicht auf die Art der Zubereitung, sondern auf die Füllung in der Wurst, das sogenannte Brät.

2 | Brühwurst

Aus besonders feinem Brät werden Brühwürste wie Gelbwurst, Weißwurst oder Regensburger hergestellt. Ihre typische Konsistenz bekommen sie durch Hitzebehandlung wie Brühen oder Heißräuchern. Der große Vorteil von Brühwürsten: Sie können sofort nach der Zubereitung gegessen werden. In den meisten Fällen lässt sich das Brät sowohl im Darm wie auch im Glas verwenden. Das macht sie zu wahren Alleskönnern unter den Würsten. Wichtig ist in beiden Fällen, dass während des Brühvorgangs eine Kerntemperatur von 65–72° erreicht wird.

3 | Rohwurst

Die Basis dieser Wurstart bildet rohes, also nicht erhitztes Fleisch. Rohwürste werden durch Lufttrocknung, Räuchern oder Einkochen haltbar gemacht. Ihr besonderes Aroma erhalten sie vor allem durch das Kalträuchern. Man unterscheidet schnittfeste und streichfähige Rohwurst. Streichfähige Rohwurst wie zum Beispiel Teewurst wird im Gegensatz zu Dauerwürsten wie Salami nicht intensiv getrocknet. Rohwürste sind unter allen Wurstarten am aufwendigsten herzustellen – ihre lange Haltbarkeit und der einmalige Geschmack entschädigen aber dafür.

4 | Terrinen & Wurst im Glas

Zugegeben, sie machen in der Zubereitung ein wenig Arbeit. Aber dafür sind sie die Zierde jedes Menüs: Terrinen bestehen häufig aus verschiedenen Fleischarten, die auch noch unterschiedlich gegart werden. Die Einlage ist oft ein Stück Filet, das von einer würzigen Fleischmasse umgeben ist. Terrinen werden immer kalt gegessen und sind eine ideale Vorspeise. Da sie nur sanft im Wasserbad gegart werden, sind sie allerdings auch nur begrenzt haltbar. Auch eine Art Terrine, nur eben in klein und für den längeren Vorrat: Wurstmasse in Gläser füllen und einkochen.

Das A und O für gute Wurst: die Fleischqualität

Die Qualität einer Wurst hängt in erster Linie von der Fleischqualität ab – ohne gutes Fleisch wird es niemals eine gute Wurst geben. Ideal ist der Bezug von Fleisch über direkt vermarktende Erzeuger wie Bauern, die selbst schlachten. Oder über Metzger, die Ihnen Auskunft über Herkunft, Aufzucht und Alter der Tiere geben können. Weniger optimal ist dagegen meist der Kauf von eingeschweißter Ware im Supermarkt – der meist niedrigere Preis schlägt sich in der Regel auch in einer schlechteren Qualität nieder.

1 | Schweinefleisch

Nur wenige Wurstsorten kommen ohne Schweinefleisch aus. Das hat vor allem ganz praktische Gründe: Der hohe Fettgehalt des Fleisches ist Geschmacksträger Nummer eins in der Wurst. Auch Würsten aus Rind- oder Lammfleisch gibt Schweinespeck das aromatische Rückgrat. Wer die Möglichkeit hat, an Fleisch aus regionaler Weidetierhaltung zu kommen, sollte zugreifen – mit richtig gutem Schweinefleisch schmeckt eine einfache Bratwurst unvergleichlich!

2 | Speck

Er ist die Wunderwaffe für jeden Wurstmacher: Fetter Speck (im Bild vorn) gibt Würsten Geschmack und macht sie so schön herzhaft. Er wird unter vielen Namen gehandelt – grüner Speck, fetter Speck, kerniger Speck – gemeint ist aber immer der rein weiße Rückenspeck des Schweines, ungeräuchert und ohne Schwarte. Fetter Speck wird beim Wursten meist angefroren verarbeitet, vor allem um ein Verschmieren der Arbeitsgeräte zu verhindern.

3 | Rind- und Kalbfleisch

Rind- und Kalbfleisch sind vor allem in südeuropäischen Wurstrezepten selbstverständlich, wegen des geringen Fettanteils meist kombiniert mit Schweinefleisch. Besonders intensiven Geschmack in die Wurst bringen Hohe Rippe oder Beinscheibe. Das feine Kalbfleisch entfaltet sein zartes Aroma am besten in Terrinen.

4 | Lammfleisch

Mit dem besonderen Aroma und geringen Fettgehalt ist Lammfleisch ideal für würzige Brat- und Rohwürste. Verwendung finden vor allem die durchwachsenen Teile wie Hals oder Schulter. In Verbindung mit Schweinespeck werden Lammwürste besonders aromatisch und saftig.

5 | Geflügelfleisch

Das Fleisch von Hähnchen, Ente oder Gans ist für die Wursterei natürlich auch geeignet. Vor allem als Einlage in Terrinen machen Hühnchen und Co. eine wirklich gute Figur. Und das im doppelten Sinne: Das Fleisch ist fettärmer als andere Sorten und schmeckt besonders fein.

6 | Wildfleisch

Wildschwein, Hirsch, Reh oder Damwild: Grundsätzlich eignen sich alle Wildfleischarten für die Wurstherstellung. Leider ist Wild nicht immer erhältlich – greifen Sie also zu, wenn Sie die Gelegenheit haben, und frieren Sie sich dann vielleicht gleich einen Vorrat ein. Der geringe Fettgehalt des Fleisches wird beim Wursten in der Regel durch Schweinespeck ausgeglichen.

Därme, Gläser & Formen

Därme sind die perfekte Wursthülle. Es gibt sie trocken eingesalzen oder in Salzlake. Das »Kaliber« kennzeichnet den Darmdurchmesser: Die erste Zahl gibt den kleinsten Durchmesser an, die zweite den größten. Vor dem Füllen sollten Sie Därme mind. 2 Std. in lauwarmem Wasser einlegen und mehrfach spülen (siehe Seite 19). Bezugsquellen sind Metzger oder Internethändler (siehe Seite 126). Statt Därmen eignen sich oft auch Gläser oder Formen als Verpackung.

1 | Schweinedarm

Der Schweinedünndarm wird sowohl für Brat-, Brüh- als auch Rohwürste eingesetzt. Rechnen Sie pro 1 kg Wurstbrät mit 3 m Darm. Planen Sie beim Kauf aber immer etwas mehr ein – für den Fall, dass beim Füllen der Darm reißen sollte. Die gängigen Kaliber sind 28/30 und 30/32. Neben dem Dünndarm kommen in diesem Buch auch Mastdarm (Schweinefettenden) und Bändeldarm (Schleiß) vom Schwein zum Einsatz.

2 | Saitling

Der Darm vom Schaf ist dünner als Schweinedarm und hat das Kaliber 18/20 oder 20/22. Er verleiht z. B. Wiener Würstchen den knackigen Biss. Da sich Saitling leicht verheddert, sollten Sie immer erst Wasser in die Schüssel geben und dann den Darm einlegen. Pro 1 kg Wurstmasse müssen Sie mit 4 m Saitling rechnen.

3 | Kranz- und Buttdarm

Rinderkranzdarm ist mit einem Kaliber von 40/43 ideal für Würste in Ringform, z. B. Lyoner. Er fasst ca. 1 kg Wurstmasse pro 1 m Darm. Noch größer ist der Buttdarm (Kaliber 95/115), der bei großen Salamis verwendet wird. Anders als Saitling oder Schweinedarm wird Rinderdarm nicht gegessen, weil er zu fest ist.

4 | Kunstdärme & Co.

Därme aus Kunststoff (z. B. Kochsalamidarm oder Naturin) oder natürlichem Kollagen sind vor allem in größeren Kalibern leichter erhältlich als Naturdärme und wegen ihrer Reißfestigkeit einfacher zu handhaben. Viele Wurstköche schätzen auch die gleichmäßige Optik der Würste, die sich mit Kunstdärmen leichter als mit Naturdärmen erzielen lässt.

5 | Gläser

Eine gute Alternative zu Därmen sind Gläser, vor allem Twist-off-Gläser. Die Gläser sollten Sie 8–10 Min. in kochendem Wasser sterilisieren. Wichtig ist: Stets 1–2 cm Platz bis zum Glasrand lassen, denn das Brät dehnt sich während des Garens aus. Als Faustregel für das Einkochen gilt: Rechnen Sie 1 Std. 30 Min. für Gläser mit 220 ml Inhalt und 2 Std. für größere mit 400 ml. Die Gläser anschließend schnell abkühlen, aber nie in kaltes Wasser stellen (Zerspringgefahr!).

6 | Terrinenformen

Terrinen werden meist in Formen von 1,5 l Inhalt zubereitet. Ob Sie eine Kastenform, eine runde oder ovale Form verwenden, ist Geschmackssache. Optimal ist eine Form, die einen passenden Deckel hat. Alternativ können Sie jedoch auch hitzebeständige Schüsseln verwenden, die Sie mit Alufolie verschließen.

Gewürze für den richtigen Geschmack

Erlaubt ist, was schmeckt!

Die wichtigsten Gewürze in jeder Wurst sind natürlich Pfeffer und Salz. Ohne sie gibt es praktisch keine Wurst. Aber es sind vor allem die etwas ungewöhnlicheren Gewürze wie Kardamom, Muskatblüte oder Koriander, die Ihren Würsten den richtigen Pfiff geben. Vor allem bei Rohwürsten gilt: Nur getrocknete Gewürze verwenden! Denn die Gefahr, dass durch frische Kräuter unerwünschte Bakterien in die Wurst gelangen, ist einfach zu groß. Fast alle Gewürze sind im Fachhandel auch getrocknet erhältlich, sogar Zitronenschale oder Ingwer. Bei Bratwürsten hingegen sind frische Kräuter kein Problem, denn diese Würste sollten ja ohnehin innerhalb weniger Stunden gegessen werden.

Mach's noch mal: ein eigenes Rezeptbuch führen

Die Rezepte in diesem Buch bewegen sich hinsichtlich ihrer Gewürzmengen geschmacklich in der Mitte. Wenn Sie es gerne pikanter, schärfer oder würziger mögen – nur zu. Erhöhen Sie die Gewürzmenge nach Ihren Vorstellungen. Gehen Sie dabei aber behutsam vor, denn ist ein Gewürz erst einmal zu stark dosiert, wird die Wurst im schlimmsten Fall ungenießbar. Am besten hangeln Sie sich deshalb in Grammschritten bis zur Ihrer persönlich favorisierten Gewürzmenge vor. Notieren Sie diese Menge dann präzise in einem Rezeptbuch, damit Sie den geschmacklichen Erfolg beim nächsten Mal reproduzieren können – nur aus dem Gefühl heraus funktioniert das in den seltensten Fällen.

Gewürze am besten selbst rösten und mahlen

Besonders aromatisch werden Ihre Würste, wenn Sie die Gewürze vor dem Mahlen in einer trockenen Pfanne bei kleiner Hitze anrösten. Dadurch entwickeln die Gewürzsamen ein ganz besonders intensives Aroma – Sie werden es riechen! Zum Mahlen dieser gerösteten Gewürze eignet sich besonders gut ein Blitzhacker oder eine elektrische Mühle, z. B. eine gründlich gereinigte Kaffeemühle. Aber auch ein Steinmörser mit Stößel leistet sehr gute Dienste. Wiegen sie die Gewürze vorher ab und geben Sie das gemahlene Pulver dann zu Ihrem Wurstbrät.

Richtwerte für gängige Gewürze pro Kilogramm Wurstmasse:

Chili	1,0 g
Fenchelsamen	2,0 g
Gewürznelken	0,5 g
Ingwer	1,0 g
Kardamom	1,0 g
Korianderkörner	1,5 g
Kümmel	0,5 g
Majoran	2,0 g
Muskatblüte	1,0 g
Muskatnuss	1,0 g
Oregano	1,0 g
Paprikapulver	2,0 g
Pfeffer schwarz	2,0 g
Pfeffer weiß	1,5 g
Piment	1,0 g
Senfkörner	2,0 g
Thymian	1,0 g
Zimt	1,0 g

Das brauchen Sie zur Wurstherstellung

1 | Messer

Zum Zerlegen und zum Parieren des Fleisches brauchen Sie ein scharfes, nicht zu großes Fleischmesser. Daneben ist ein großes Messer zum Hacken von Kräutern und Gewürzen sehr hilfreich. Für alle Messer gilt: Regelmäßig nachschärfen, denn mit stumpfen Messern rutscht man leichter ab.

2 | Waagen

Unverzichtbar ist eine aufs Gramm genaue digitale Küchenwaage, denn die meisten Gewürze werden sehr sparsam verwendet. Mit einer Tara-Funktion lassen sich Gewürze oder andere Zutaten sehr einfach dazu dosieren. Eine lohnende Ergänzung ist eine Löffelwaage, mit der Sie Gewürze in 0,1-Gramm-Schritten abwiegen können.

3 | Fleischwolf

Das wichtigste Gerät, um frisches Fleisch richtig klein zu bekommen, ist der Fleischwolf – egal, ob von Hand oder elektrisch betrieben. Oft gibt es diesen auch als Aufsatz für die Küchenmaschine. Hauptsache, das Flügelmesser ist scharf und Sie haben verschiedene Scheiben, am besten mit Lochdurchmessern von 2 mm, 4,5 mm und 8 mm. Falls Sie die passende Lochscheibe nicht zur Hand haben, verwenden Sie eine Scheibe, die der im Rezept angegebenen Größe am nächsten kommt.

4 | Küchenmaschine

Zum Mischen der Fleischmasse ist eine Küchenmaschine von Vorteil. Denn das Fleisch sollte bei der Verarbeitung möglichst kalt bleiben – eine Maschine kann das besser gewährleisten als die Hände. Außerdem: Es wird wirklich unangenehm kalt an den Fingern, wenn Eisschnee unter die Wurstmasse gemischt werden muss!

5 | Wurstfüller

Um das Wurstbrät in den Darm zu pressen, ist ein Wurstfüller nötig. Dabei spielt es keine Rolle, ob Sie die zum Darm passenden Füllrohre an Ihrem Fleischwolf befestigen oder einen separaten Wurstfüller nutzen. Wer die passende Größe nicht hat, nimmt einfach das nächstkleinere oder -größere Füllrohr. Wurstfüller erhalten Sie relativ preiswert im Fachhandel (siehe Seite 126).

6 | Thermometer

Die Temperatur spielt für die Haltbarkeit der Wurst eine wichtige Rolle. Bei Brühwürsten kontrollieren Sie mit einem Thermometer die Kerntemperatur der Wurst sowie die Wassertemperatur zum Brühen. Auch die Kälte des Bräts lässt sich damit kontrollieren.

7 | Wurstgarn

Mit hitzebeständigem Wurstgarn werden die Würste abgebunden. Sie sollten auch keine anderen Garne oder Bänder verwenden, da diese mit Farbe oder Chemikalien behandelt sein können.

8 | Rohwurst-Starterkultur

Für Rohwurst wird oft eine Starterkultur benötigt, deren Milchsäurebakterien dafür sorgen, dass der Reifeprozess des Fleisches kontrolliert in Gang kommt. Der Ansatz der Starterkultur unterscheidet sich von Hersteller zu Hersteller. Beachten Sie deshalb bitte die Packungsanleitung.

Geschmack und Haltbarkeit in einem: Räuchern

1 | Räuchern

Holzrauch ist ein altes Mittel, um Lebensmittel haltbar zu machen. Das ist heute jedoch nicht mehr der wichtigste Grund für das Räuchern: Der einmalige, intensive Geschmack macht Wurst aus dem Räucherschrank zu einem unverwechselbaren Genuss. Natürlich ist Räuchern im privaten Bereich nicht ganz einfach; ohne einen Räucherschrank lassen sich nur kleine Mengen Wurstwaren räuchern, und in einer Wohnung ist es praktisch ausgeschlossen, mittels Rauch Wurst haltbar zu machen. Wer gern Wurst selbst macht, sollte deshalb über die Anschaffung eines kleinen Räucherschranks nachdenken. Diese Schränke gibt es relativ preiswert zu kaufen. Ansonsten hilft aber vielleicht auch das Gespräch mit einem Metzger: Bitten Sie ihn doch einfach, Ihre Wurst beim nächsten Rauchgang mit in seine Räucherkammer zu hängen. Wichtig: Zwischen mehreren Räucherdurchgängen sollte die Wurst jeweils ca. einen Tag ruhen – so nimmt sie die Raucharomen besser auf.

2 | Kalträuchern

Brüh- und Rohwürste bekommen den besonderen geschmacklichen Pfiff, wenn sie während der Reifung ein paarmal in kalten Rauch gehängt werden. Ganz nebenbei unterdrückt der Rauch auch die Schimmelbildung auf der Wurst. Kalt räuchern heißt: Geräuchert wird bei Temperaturen unter 30°, üblich sind 20–25°. Auch deshalb sollten Sie davon ausgehen, dass der Sommer nicht ideal für diese Art des Räucherns ist. Unabhängig von der Jahreszeit muss jede Wurst vor dem Räuchern abgetrocknet sein, denn feuchte Wurst nimmt den Rauch nicht auf! Deshalb vor dem Räuchern die Wurst immer ein paar Stunden trocknen lassen. Wurst wird beim Kalträuchern nicht gegart – dafür muss sie vor oder nach dem Räuchern zusätzlich gebrüht werden. Nach dem Räuchern bzw. Brühen und Abkühlen sollte kalt geräucherte Wurst im Kühlschrank aufbewahrt werden.

3 | Heißräuchern

Hängt die Wurst mehrere Stunden in 50–90° heißem Rauch, handelt es sich um Heißräuchern. Trotz der größeren Hitze ist dies die einfachere Methode des Räucherns. Selbst in einem Kugelgrill, in dem man seine Würste gegenüber glühender, mit feuchten Buchenspänen abgedeckter Holzkohle platziert, lässt es sich wunderbar heiß räuchern. Die frisch geräucherte Wurst muss dann zum Abkühlen luftig aufgehängt werden – am besten einfach über Holzstangen.

4 | Holzarten

Buchenholz ist das gebräuchlichste Holz zum Räuchern, sein mildes Raucharoma eignet sich für fast alle Wurstarten. Ebenfalls gut geeignet sind Obsthölzer wie Apfel- oder Zwetschgenholz. Weniger geeignet ist das Holz von Nadelbäumen. Sie machen das Räuchergut sehr schnell schwarz und sind auch geschmacklich häufig scharf. Darüber hinaus sind sie auch gesundheitlich bedenklich. Grundsätzlich sollte ausschließlich mit reinem Holz geräuchert werden. Behandelte Holzarten können Zusatzstoffe enthalten, die beim Räuchern gesundheitsschädliche Substanzen freisetzen können.

Schritt für Schritt vom Fleisch zur Wurst

1 | Vorbereitung der Därme

Naturdärme sollten mind. 2 Std. in lauwarmem Wasser eingeweicht und mehrfach durchgespült werden. Weiten Sie zum Spülen das Darmende mit zwei Fingern und lassen Sie Wasser hineinlaufen, indem Sie die Öffnung über die Wasseroberfläche ziehen. Dann den Darm anheben, damit das Wasser durchlaufen kann. Das Darmende über den Schüsselrand legen, damit Sie es später nicht suchen müssen.

2 | Kühlen ist wichtig

Fleisch und vor allem Speck lassen sich gekühlt oder angefroren besser verarbeiten. Deshalb: Fleisch immer im Kühlschrank vorkühlen, Speck im Tiefkühlfach 2 Std. anfrieren. Auch die beweglichen Fleischwolfteile kühlen und erst direkt vor dem Wolfen montieren.

3 | Wurstmasse kneten

Für optimale Bindung die Wurstmasse am besten in der Küchenmaschine mit Knethaken bei niedriger bis mittlerer Stufe bis zu 10 Minuten mischen. Sollte sich ein Fettrand an der Schüsselwand bilden: Sofort stoppen und die Masse abfüllen! Denn trennt sich das Fett von der Wurstmasse, geht die Bindung verloren.

4 | Füllen der Därme

Fleischmasse in den Wurstfüller geben und bis zum Ende des Füllrohrs pressen. Dann den Darm auf das Füllrohr stülpen, ganz über das Rohr ziehen und am Ende einen Knoten machen. Beim anschließenden Füllen Lufteinschlüsse vermeiden! Mit einer sauberen Nadel können Sie Luftlöcher jedoch am Ende noch einstechen.

5 | Würste abdrehen

Zum Abdrehen von Würsten mit Daumen und Zeigefinger der linken Hand die gewünschte Wurstlänge abdrücken. Dann mit der rechten Hand die nächste Wurst abdrücken und in der Luft mehrmals verdrehen.

6 | Würste abbinden

Zum Abbinden ein paar Meter Wurstgarn auf ein Holzstück wickeln, das lose Ende an einer Tischseite befestigen und etwas Garn abrollen. Das Wurstende mit der linken Hand festhalten und über das liegende Garn legen. Mit der anderen Hand eine Schlaufe mit der Garnrolle bilden, die Rolle durch die Schlaufe führen und über dem Wurstzipfel zusammenziehen. Erneut Garn abrollen und nach und nach Würste abbinden. Am Schluss das Garn zwischen den Würsten durchtrennen.

7 | Würste brühen

Zum Garen und Haltbarmachen muss Brühwurst in einem großen Topf mit Wasser bei 72–80° ziehen und eine Kerntemperatur von mind. 68° erreichen. Zum Messen der Kerntemperatur mit einem Fleischthermometer bis in die Wurstmitte stechen – das Loch in der Hülle ist kein Problem!

8 | Würste abkühlen

Zum Lagern müssen Sie Brühwürste schnell abkühlen. Die Würste in eine Schüssel mit Eiswasser legen und bis zu einer Kerntemperatur von 10° abkühlen, dabei die Temperatur mit dem Fleischthermometer kontrollieren. Im Kühlschrank halten sich Brühwürste mind. 1 Woche, im Tiefkühlfach bis zu 3 Monate.

BRATWURST – FÜR PFANNE UND GRILL

Sie ist eine für alle Fälle und in jeder Region zu Hause: Bratwurst, ganz gleich, ob grob oder fein, ob paarweise oder einzeln, gegrillt oder gebrüht, ist ein einfach herzustellender Genuss, der immer wieder für eine Überraschung gut ist. Lassen Sie sich begeistern von Klassikern wie der Coburger Bratwurst und entdecken Sie Exoten wie thailändische Bratwurst!

Grobe Bratwurst

perfekt zum Grillen
Vorbereitung: 2 Std. | Zubereitung: ca. 30 Min. | Ruhen: mind. 2 Std. |
Haltbarkeit: gekühlt ca. 4 Tage | Pro Wurst: ca. 155 kcal

Für ca. 24 Würste

1 kg mageres Schweinefleisch (Schulter ohne Schwarte)
1 kg fetter Schweinebauch (ohne Schwarte)
35 g Salz
2 Knoblauchzehen
4 g gemahlener schwarzer Pfeffer
2 g frisch geriebene Muskatnuss
2 g gemahlener Koriander
2 g gemahlener Piment
4 g gerebelter Majoran

Außerdem:

5 m Schweinedarm (26/28)
Wurstgarn

1 Den Schweinedarm in einer großen Schüssel in lauwarmem Wasser 2 Std. einweichen, dabei mehrfach spülen. Beide Fleischsorten sorgfältig von Sehnen und Knorpeln befreien und in ca. 2 cm große Würfel schneiden. Die Schweineschulter 30 Min. kalt stellen, den Schweinebauch 30 Min. tiefkühlen. Die beweglichen Teile des Fleischwolfs ebenfalls kalt stellen.

2 Beide Fleischsorten mit dem Salz bestreuen und durch den Fleischwolf (Lochscheibe 8 mm) geben (**Bild 1**). Den Knoblauch schälen, fein hacken und mit Pfeffer, Muskatnuss, Koriander, Piment und Majoran zur Fleischmasse geben. Alles gut vermengen, bis die Masse leicht zu kleben beginnt.

3 Das Füllrohr (26 mm) am Fleischwolf oder Wurstfüller befestigen und den Darm aufziehen. Die Fleischmasse in den Darm füllen (**Bild 2**), dabei Würste von ca. 15 cm Länge abdrehen und mit Wurstgarn abbinden (**Bild 3**). Vor der Zubereitung mind. 2 Std. ruhen lassen.

Clever serviert: Bratwurst in Pilzsauce

Für 4 Portionen | 20 g getrocknete Steinpilze mit 200 ml kochendem Wasser bedecken und 20 Min. quellen lassen. **4 Tomaten** häuten, vierteln und entkernen. **2 rote Zwiebeln** schälen, in feine Ringe schneiden. **1 Knoblauchzehe** schälen und fein hacken. Pilze ausdrücken (Wasser auffangen) und fein hacken. Zwiebeln und Knoblauch in **1 EL Olivenöl** glasig dünsten. Pilze bei starker Hitze unter Rühren mitbraten, bis die Flüssigkeit verdampft ist. **150 ml Rotwein** und **1 TL fein gehackten Rosmarin** dazugeben. Auf die Hälfte einkochen lassen. Pilzwasser, Tomaten, **1 Prise Salz** und **1 Msp. Cayennepfeffer** unterrühren. 10 Min. bei mittlerer Hitze einkochen lassen. **8 grobe Bratwürste** in einer beschichteten Pfanne ohne Fett braun braten. Die Würste in die Sauce legen und mit **1–2 EL gehackter Petersilie** bestreut servieren.

Clever variieren

Die Bratwurst lässt sich wunderbar variieren. Ersetzen Sie den Koriander durch gemahlene Gewürze wie **Zimt, Gewürznelken** oder **Kreuzkümmel**. Oder: Statt des schwarzen Pfeffers **10 g mildes geräuchertes Paprikapulver (Pimentón de la vera dulce)** verwenden.

Coburger Bratwurst

fränkischer Klassiker

Nürnberger Bratwurst

klassisch zu Sauerkraut und Kartoffelpüree

Für ca. 20 Würste **6 m Bändeldarm (Schleiß)** 2 Std. wässern, dabei mehrfach spülen. **Je 750 g mageres und fettes Schweinefleisch (Schulter und Bauch, beides ohne Schwarte)** sowie **500 g Rindfleisch (Nacken)** von Sehnen und Knorpeln befreien, klein würfeln und kalt stellen, Bauch 30 Min. anfrieren. Bewegliche Fleischwolfteile kalt stellen. Fleisch mit **40 g Salz** wolfen (Lochscheibe 8 mm). **Abgeriebene Schale von ½ Bio-Zitrone, 5 g gemahlenen weißen Pfeffer, 2 g gemahlene Muskatblüte** und **2 Eier** untermengen, bis die Masse leicht klebt. Füllrohr (26 mm) am Fleischwolf oder Wurstfüller befestigen. Darm aufziehen und Masse einfüllen, dabei Würste von 25–30 cm Länge abdrehen. Mind. 2 Std. ruhen lassen. Gekühlt 2 Tage haltbar.

Für ca. 50 Würste **8 m Saitling (16/18)** 2 Std. wässern. **500 g Schweinefleisch (Schulter ohne Schwarte)** und **1,5 kg Schweinebauch (ohne Schwarte)** von Sehnen und Knorpeln befreien, klein würfeln und 30 Min. kalt stellen. Bewegliche Fleischwolfteile kalt stellen. Fleisch mit **35 g Salz** bestreuen und wolfen (Lochscheibe 2 mm). **2 durchgepresste Knoblauchzehen, 5 g gemahlenen schwarzen Pfeffer, 5 g gerebelten Majoran, 1 g gemahlene Muskatblüte** und **1 g Ingwerpulver** untermengen, bis die Fleischmasse leicht klebt. Füllrohr (15 mm) am Fleischwolf oder Wurstfüller befestigen. Den Saitling aufziehen und die Masse einfüllen, dabei Würste von 8–10 cm Länge abdrehen. Luftblasen mit einer Nadel einstechen. Gekühlt 4 Tage haltbar.

heiß geliebte Klassiker | BRATWURST

Münsterländer Bratwurst

ungewöhnlich mit Milch – mager

Für ca. 20 Würste **5 m Saitling (26/28)** in lauwarmem Wasser 2 Std. einweichen, dabei mehrfach spülen. **1 kg Schweinenackenfleisch, 800 g Schweinerückenfleisch** und **200 g Rindfleisch (Nacken)** von Sehnen und Knorpeln befreien, klein würfeln und 30 Min. kalt stellen. Die beweglichen Fleischwolfteile kalt stellen. Das Fleisch mit **35 g Salz** bestreuen und wolfen (Lochscheibe 4,5 mm). **6 g gemahlenen schwarzen Pfeffer, 2 g gemahlene Muskatblüte, 1 Msp. Ingwerpulver** und **150 ml Milch** untermengen, bis die Masse leicht klebt. Füllrohr (26 mm) am Fleischwolf oder Wurstfüller befestigen. Darm aufziehen und die Masse einfüllen, dabei Würste von ca. 20 cm Länge abdrehen. Die Würste mind. 2 Std. ruhen lassen. Gekühlt 4 Tage haltbar.

Thüringer Bratwurst

regionale Spezialität

Für ca. 20 Würste **8 m Saitling (16/18)** 2 Std. wässern, dabei mehrfach spülen. **Je 750 g mageres** und **fettes Schweinefleisch (Schulter und Bauch, beides ohne Schwarte)** sowie **500 g Rindfleisch (Nacken)** von Sehnen und Knorpeln befreien. Klein würfeln und kalt stellen, Bauch 30 Min. anfrieren. Bewegliche Fleischwolfteile kalt stellen. Fleisch mit **40 g Salz** wolfen (Lochscheibe 8 mm). Mit **2 Knoblauchzehen (fein gehackt), 4 g gemahlenem weißem Pfeffer, 2 g gemahlener Muskatblüte** und **2 g gemahlenem Kreuzkümmel** mischen, bis die Masse leicht klebt. Füllrohr (26 mm) am Fleischwolf oder Wurstfüller befestigen, Darm aufziehen. Masse einfüllen, dabei Würste von 15 cm Länge abbinden. Mind. 2 Std. ruhen lassen. Gekühlt 4 Tage haltbar.

heiß geliebte Klassiker | BRATWURST

Currywurst

selbst gemacht der Hit!
Vorbereitung: 2 Std. | Zubereitung: ca. 1 Std. | Brühen: ca. 30 Min. |
Haltbarkeit: gekühlt ca. 2 Wochen | Pro Wurst: ca. 210 kcal

Für ca. 18 Würste

750 g mageres Schweinefleisch (Schulter ohne Schwarte)
1,25 kg fetter Schweinebauch (ohne Schwarte)
35 g Salz
1 Knoblauchzehe
4 g gemahlener weißer Pfeffer
3 g geriebene Muskatnuss
2 g gemahlener Kümmel
2 g gemahlener Piment
4 g Zucker

Außerdem:

5 m Saitling (26/28)

1 Saitling in einer großen Schüssel in lauwarmem Wasser 2 Std. einweichen, dabei mehrfach spülen. Beide Fleischsorten sorgfältig von Sehnen und Knorpeln befreien und in ca. 2 cm große Würfel schneiden. Schweineschulter 30 Min. kalt stellen, Schweinebauch 30 Min. tiefkühlen. Bewegliche Fleischwolfteile ebenfalls kalt stellen.

2 Beide Fleischsorten mit dem Salz bestreuen und durch den Fleischwolf (Lochscheibe 2 mm) geben. Knoblauch schälen, fein hacken und mit Pfeffer, Muskatnuss, Kümmel, Piment sowie Zucker zur Fleischmasse geben. In der Küchenmaschine vermengen, bis die Masse leicht zu kleben beginnt.

3 Füllrohr (26 mm) am Fleischwolf oder Wurstfüller befestigen und Darm aufziehen. Fleischmasse in den Darm füllen, dabei Würste von ca. 15 cm Länge abdrehen. In einem großen Topf Wasser erhitzen und die Würste darin ca. 30 Min. bei ca. 70° brühen (siehe Seite 19). Herausnehmen und in eiskaltem Wasser abkühlen lassen. Zum Servieren braten und mit Currysauce anrichten (siehe Cleveres Dazu).

Cleveres Dazu: Currysauce

Für ca. 18 Würste | **1 Zwiebel**, **2 Knoblauchzehen** und **1 daumengroßes Stück Knollensellerie** schälen, sehr klein schneiden und in einer Schüssel mit **100 ml kochendem Wasser** übergießen. Abkühlen lassen. Dann mit **200 g Tomatenmark (dreifach konzentriert)**, **75 g Pflaumenmus**, **100 g Zucker**, **1 EL scharfen Senf**, **2 EL Worcestershiresauce**, **1 EL Rotweinessig**, **4 g Salz**, **15 g mildem Currypulver** und **3 g Cayennepfeffer** im Mixer fein pürieren. Nach und nach **6 EL Sonnenblumenöl** hinzufügen und alles zu einer glatten Sauce mixen. Die Sauce 2–3 Tage im Kühlschrank durchziehen lassen, sie ist ca. 2 Wochen haltbar. Zum Servieren die Würste rundum braun braten, in Scheiben schneiden, mit der Sauce überziehen und mit Currypulver bestäuben.

Clever gewusst

Damit Currywurst ihren typischen Biss bekommt, wird sie – im Gegensatz zu anderen Bratwürsten – vor dem Braten gebrüht.

Rehbratwurst

intensiv im Geschmack

Vorbereitung: 2 Std. | Zubereitung: ca. 1 Std. | Ruhen: ca. 2 Std. | Haltbarkeit: gekühlt ca. 4 Tage | Pro Wurst: ca. 270 kcal

Für ca. 20 Würste

1,5 kg Rehfleisch (Schulter oder Keule)
500 g fetter Schweinerückenspeck (grüner Speck)
20 g getrocknete Herbsttrompeten (Pilze; ersatzweise getrocknete Steinpilze)
2 Zweige Rosmarin
32 g Salz
100 ml Milch (3,5 % Fett)
4 g gemahlener schwarzer Pfeffer
2 g gemahlener Piment

Außerdem:

5 m Schweinedarm (26/28)

1. Den Darm in einer Schüssel in lauwarmem Wasser 2 Std. einweichen. Das Rehfleisch von Sehnen und Häuten befreien, waschen und trocken tupfen. Rehfleisch und Schweinespeck in ca. 2 cm große Würfel schneiden und 1 Std. kalt stellen. Die Herbsttrompeten im Blitzhacker fein mahlen. Den Rosmarin waschen und trocken schütteln, die Nadeln abstreifen und sehr fein hacken.

2. Rehfleisch und Speck mit dem Salz bestreuen und durch den Fleischwolf (Lochscheibe 4,5 mm) geben. Die Fleischmasse in der Küchenmaschine mit dem Knethaken 10 Min. mischen. Die Milch und zum Schluss Pfeffer, Piment, Rosmarin und gemahlene Herbsttrompeten unterkneten.

3. Das Füllrohr (26 mm) am Fleischwolf oder Wurstfüller befestigen und den Darm aufziehen. Die Fleischmasse in den Darm füllen, dabei Würste von ca. 15 cm Länge abdrehen. Würste mind. 2 Std. ruhen lassen.

Calvados-Bratwurst

passt zu Bulgursalat

Vorbereitung: 2 Std. | Zubereitung: ca. 1 Std. | Ruhen: mind. 2 Std. | Haltbarkeit: gekühlt ca. 4 Tage | Pro Wurst: ca. 215 kcal

Für ca. 20 Würste

100 g getrocknete Apfelringe
100 ml Calvados
je 1 kg fettes und mageres Schweinefleisch (Bauch und Schulter, ohne Schwarte)
35 g Salz
2 Zwiebeln (ca. 80 g)
½ Bund Petersilie
4 g gemahlener weißer Pfeffer
2 g gemahlener Koriander
2 g gemahlener Piment
4 g gerebelter Majoran

Außerdem:

5 m Schweinedarm (26/28)

1 Die Apfelringe 2 Std. im Calvados einweichen, zwischendurch umrühren. Den Schweinedarm in einer großen Schüssel in lauwarmem Wasser 2 Std. einweichen. Schweinebauch und -schulter in ca. 2 cm große Würfel schneiden, mit dem Salz vermischen und 30 Min. kalt stellen.

2 Die Zwiebeln schälen und in feine Würfel schneiden. Die Petersilie waschen und trocken schütteln, die Blätter abzupfen und fein hacken. Die Apfelringe abtropfen lassen, dabei den Calvados auffangen.

3 Fleisch, Apfelringe und Zwiebeln durch den Fleischwolf (Lochscheibe 2 mm) geben. Petersilie, Pfeffer, Koriander, Piment, Majoran und Calvados untermengen, bis die Masse leicht zu kleben beginnt. Das Füllrohr (26 mm) am Fleischwolf oder Wurstfüller befestigen. Die Fleischmasse in den Darm füllen, dabei Würste von ca. 15 cm Länge abdrehen. Würste mind. 2 Std. ruhen lassen.

die Besten aus aller Welt | BRATWURST

Englische
Frühstückswurst

very British!

Vorbereitung: ca. 2 Std. | Zubereitung: ca. 45 Min. | Ruhen: mind. 2 Std. | Haltbarkeit: gekühlt ca. 4 Tage | Pro Wurst: ca. 255 kcal

Für ca. 28 Würste

1 kg mageres Schweinefleisch (Schulter ohne Schwarte)
600 g fetter Schweinerückenspeck (grüner Speck)
ca. 200 g Semmelbrösel
200 ml kalte Hühnerbrühe
6 g Salz
3 g gemahlener weißer Pfeffer
2 g frisch geriebene Muskatnuss
1 g Ingwerpulver
1 g gerebelter Salbei

Außerdem:

5 m Schweinedarm (26/28)

1 Den Darm in einer großen Schüssel in lauwarmem Wasser 2 Std. einweichen, dabei mehrfach spülen. Schweineschulter und -speck in ca. 2 cm große Würfel schneiden, Schulter 1 Std. kalt stellen, Bauch 30 Min. tiefkühlen. Bewegliche Fleischwolfteile ebenfalls kalt stellen. Semmelbrösel 30 Min. in der kalten Hühnerbrühe quellen lassen. Es sollte eine feste, aber noch formbare Masse entstehen. Falls nötig, noch etwas mehr Semmelbrösel untermischen.

2 Fleisch- und Speckwürfel mit dem Salz bestreuen und durch den Fleischwolf (Lochscheibe 2 mm) geben. Semmelbröselmasse, Pfeffer, Muskatnuss, Ingwer und Salbei zur Fleischmasse geben und alles mit den Händen grob vermischen. Masse nochmals durch den Fleischwolf drehen und anschließend gut mischen. Dabei die Temperatur mit dem Thermometer kontrollieren. Sollte sie über 4° steigen, die Masse nochmals kurz tiefkühlen!

3 Das Füllrohr (26 mm) am Fleischwolf oder Wurstfüller befestigen und den Darm aufziehen. Die Masse in den Darm füllen und Würste von ca. 8 cm Länge abdrehen. Die Würste mind. 2 Std. ruhen lassen.

Clever servieren

Bangers, so heißen die Würste in England, gehören klassisch zu einem »Full English Breakfast«: Die Würste mit **Weißen Bohnen in Tomatensauce** (aus der Dose), **Rührei**, gebratenem **Speck**, gegrillten **Tomaten** und **Toast** anrichten.

die Besten aus aller Welt | BRATWURST

Salsiccia

leicht zu variieren

*Vorbereitung: 2 Std. | Zubereitung: ca. 45 Min. | Ruhen: mind. 3 Std. |
Haltbarkeit: gekühlt ca. 4 Tage | Pro Wurst: ca. 165 kcal*

Für ca. 24 Würste

1 kg mageres Schweinefleisch (Schulter ohne Schwarte)
1 kg durchwachsener Schweinebauch (ohne Schwarte)
6 g schwarze Pfefferkörner
3 g getrocknete Orangenschale
6 g gerebelter Salbei
4 g Chiliflocken
1 Knoblauchzehe
32 g feines Meersalz
200 ml Weißwein

Außerdem:

5 m Schweinedarm (26/28)
Wurstgarn

1 Den Darm in einer großen Schüssel in lauwarmem Wasser 2 Std. einweichen, dabei mehrfach spülen. Das Schweinefleisch und den -bauch sorgfältig von Sehnen und Knorpeln befreien und in ca. 2 cm große Würfel schneiden. Das Fleisch 2 Std. kalt stellen, den Bauch 2 Std. tiefkühlen. Die beweglichen Fleischwolfteile ebenfalls kalt stellen.

2 Pfeffer, Orangenschale, Salbei und Chiliflocken im Mörser mittelgrob zerreiben. Den Knoblauch schälen und fein hacken. Das Fleisch mit dem Salz bestreuen und durch den Fleischwolf (Lochscheibe 6 mm) geben. Zerstoßene Gewürze, Knoblauch und Wein gut mit der Fleischmasse mischen. Dabei zügig arbeiten, die Temperatur der Masse sollte 4° nicht übersteigen. Andernfalls die Fleischmasse nochmals ca. 10 Min. tiefkühlen.

3 Das Füllrohr (26 mm) am Fleischwolf oder Wurstfüller befestigen und den Darm aufziehen. Die Fleischmasse in den Darm füllen, dabei Würste von 10–12 cm Länge abdrehen und mit Wurstgarn abbinden (siehe Seite 19). Die Salsicce paarweise auseinanderschneiden und vor dem Verzehr mind. 3 Std. ruhen lassen.

Variante: Kräuter-Salsiccia

Für ca. 24 Würste | Je 1 kg **magere Schweineschulter** und **-bauch (ohne Schwarte)** in ca. 2 cm große Würfel schneiden. Mit **30 g feinem Meersalz** bestreuen, durch die Lochscheibe (8 mm) wolfen und kalt stellen. **1 kleines Bund Petersilie**, **10 große Salbeiblätter**, **4 Zweige Zitronenthymian** und **1 Zweig Rosmarin** waschen und trocken schütteln, Blätter bzw. Nadeln abzupfen und grob hacken. **3 Knoblauchzehen** schälen und fein hacken. Kräuter, Knoblauch, **6 g gemahlenen schwarzen Pfeffer** und **1 Msp. Zimtpulver** unter die Fleischmasse mischen. Nach und nach **100 ml Olivenöl** unterarbeiten. Füllrohr (26 mm) am Fleischwolf oder Wurstfüller befestigen und **5 m Saitling (26/28)** aufziehen. Die Fleischmasse in den Darm füllen, dabei Würste von ca. 10 cm Länge abdrehen. Salsicce paarweise auseinanderschneiden und mind. 3 Std. ruhen lassen.

Griechische Bratwurst

Mediterran gewürzt | *Vorbereitung: 2 Std.* |
Zubereitung: ca. 1 Std. 30 Min. | *Trocknen: mind. 10 Std.* | *Haltbarkeit: gekühlt ca. 4 Tage* | *Pro Wurst: ca. 270 kcal*

Für ca. 15 Würste

1,5 kg Lammfleisch (Schulter oder Keule)
500 g mageres Schweinefleisch (Schulter ohne Schwarte) | 30 g Salz
8 g gerebelter Oregano
4 g gerebelter Thymian
4 g gemahlener Koriander
5 Knoblauchzehen
abgeriebene Schale von 2 Bio-Orangen
1 g Fenchelsamen | 1 Ei
150 ml trockener Weißwein

Außerdem:

5 m Schweinedarm (26/28)

1 Den Schweinedarm in einer großen Schüssel in lauwarmem Wasser 2 Std. einweichen, dabei mehrfach spülen. Beide Fleischsorten sorgfältig von Sehnen und Knorpeln befreien, in ca. 2 cm große Würfel schneiden und 1 Std. kalt stellen. Die beweglichen Fleischwolfteile ebenfalls kalt stellen.

2 Das Fleisch mit Salz, Oregano, Thymian und Koriander bestreuen und zweimal durch den Fleischwolf (Lochscheibe 2 mm) geben. Die Masse in die Küchenmaschine geben.

3 Den Knoblauch schälen, fein hacken und mit Orangenschale, Fenchel und Ei unter die Fleischmasse mengen. Den Wein unterarbeiten, bis die Masse leicht zu kleben beginnt.

4 Das Füllrohr (26 mm) am Fleischwolf oder Wurstfüller befestigen und den Darm aufziehen. Die Fleischmasse in den Darm füllen, dabei Würste von ca. 20 cm Länge abdrehen und einzeln abschneiden. Die Bratwürste mind. 10 Std. trocknen lassen.

Ungarische Bratwurst

feuriger Osteuropäer | *Vorbereitung: 2 Std.* |
Zubereitung: ca. 45 Min. | *Ruhen: mind. 2 Std.* | *Haltbarkeit: gekühlt ca. 4 Tage* | *Pro Wurst: ca. 255 kcal*

Für ca. 15 Würste

1 kg Schweinefleisch (Nacken)
1 kg Schweinebauch
  (ohne Schwarte)
35 g Salz
4 Knoblauchzehen
4 g gemahlener schwarzer
  Pfeffer
3 g scharfes Paprikapulver
25 g edelsüßes Paprikapulver
1 g gemahlener Kümmel
10 g Zucker
100 g Sahne

Außerdem:

5 m Schweinedarm (26/28)

1 Den Schweinedarm in einer großen Schüssel in lauwarmem Wasser 2 Std. einweichen, dabei mehrfach spülen. Beide Fleischsorten sorgfältig von Sehnen und Knorpeln befreien und in ca. 2 cm große Würfel schneiden. Den Schweinenacken 1 Std. kalt stellen, den Bauch 30 Min. tiefkühlen. Die beweglichen Fleischwolfteile kalt stellen.

2 Beide Fleischsorten mit dem Salz bestreuen und durch den Fleischwolf (Lochscheibe 4,5 mm) geben. Den Knoblauch schälen, fein hacken und mit Pfeffer, Paprikapulver, Kümmel, Zucker und Sahne zur Fleischmasse geben. Alles gut mischen, bis die Masse leicht zu kleben beginnt.

3 Das Füllrohr (26 mm) am Fleischwolf oder Wurstfüller befestigen und den Darm aufziehen. Die Fleischmasse in den Darm füllen, dabei Würste von ca. 20 cm Länge abdrehen und einzeln abschneiden. Die Bratwürste vor dem Verzehr mind. 2 Std. ruhen lassen.

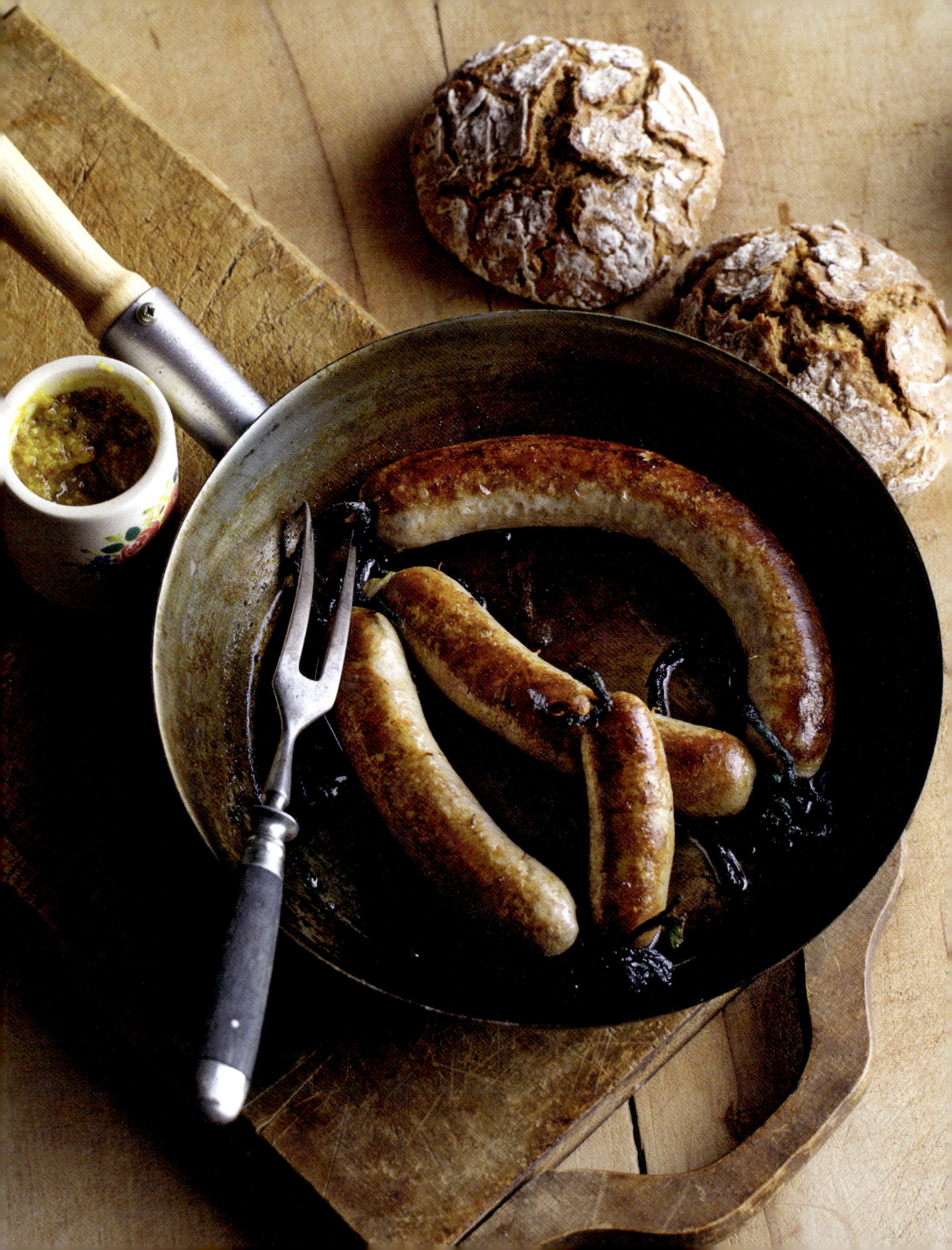

die Besten aus aller Welt | BRATWURST

Schlesische Bratwurst

besonders fein

Vorbereitung: 2 Std. | Zubereitung: ca. 1 Std. | Brühen: 45 Min. |
Haltbarkeit: gekühlt ca. 2 Wochen | Pro Wurst: ca. 210 kcal

Für ca. 18 Würste

1 kg Kalbfleisch (Schulter)
500 g Schweinefleisch (Rücken)
250 g Schweinerückenspeck (grüner Speck)
35 g Salz
4 g gemahlener weißer Pfeffer
3 g gemahlene Muskatblüte
abgeriebene Schale von 1 Bio-Zitrone
100 ml kräftige Fleischbrühe
400 ml Milch

Außerdem:

5 m Saitling (30/32)

1 Den Saitling in einer großen Schüssel in lauwarmem Wasser 2 Std. einweichen, dabei mehrfach spülen. Die Kalbsschulter, den Schweinerücken und den Speck sorgfältig von Sehnen und Knorpeln befreien, in ca. 2 cm große Würfel schneiden und kalt stellen. Die beweglichen Fleischwolfteile ebenfalls kalt stellen.

2 Alle Fleischsorten mit Salz bestreuen und zweimal durch den Fleischwolf (Lochscheibe 2 mm) geben. Die Fleischmasse mit Pfeffer, Muskatblüte, Zitronenschale, Fleischbrühe und Milch in der Küchenmaschine mit den Knethaken gründlich vermengen, bis die Masse zu kleben beginnt.

3 Das Füllrohr (26 mm) am Fleischwolf oder Wurstfüller befestigen und den Darm aufziehen. Die Fleischmasse in den Darm füllen, dabei Würste von ca. 20 cm Länge abdrehen.

4 In einem großen Topf Wasser auf 45° erhitzen. Die Würste in den Topf geben, die Wassertemperatur auf 75–80° erhöhen und die Würste 45 Min. brühen (siehe Seite 19). Die Würste mit einer Schaumkelle herausheben und in eiskaltem Wasser abkühlen lassen. Anschließend mit Küchenpapier trocken tupfen.

Clever serviert: Bratklößchen-Ragout

Für 4 Portionen | **1 TL Butter** in einer Pfanne zerlassen. Das Brät aus **4 schlesischen Bratwürsten** in haselnussgroßen Portionen herausstreifen, in die Pfanne geben und bei mittlerer Hitze leicht anbräunen. **6 Champignons** putzen, in feine Scheiben schneiden und mit anbraten. **1 EL Mehl** daraufstäuben und unterrühren. Mit **50 ml Weißwein** ablöschen. **200 g Schlagsahne** und **150 ml Gemüsebrühe** angießen und etwas einkochen lassen. Mit Salz, frisch geriebener Muskatnuss und Cayennepfeffer abschmecken. **3 Stängel Petersilie** waschen und trocken schütteln, Blätter abzupfen und fein hacken. **1 EL Kapern** abtropfen lassen. Petersilie und Kapern unter das Ragout mischen. Mit Reis servieren.

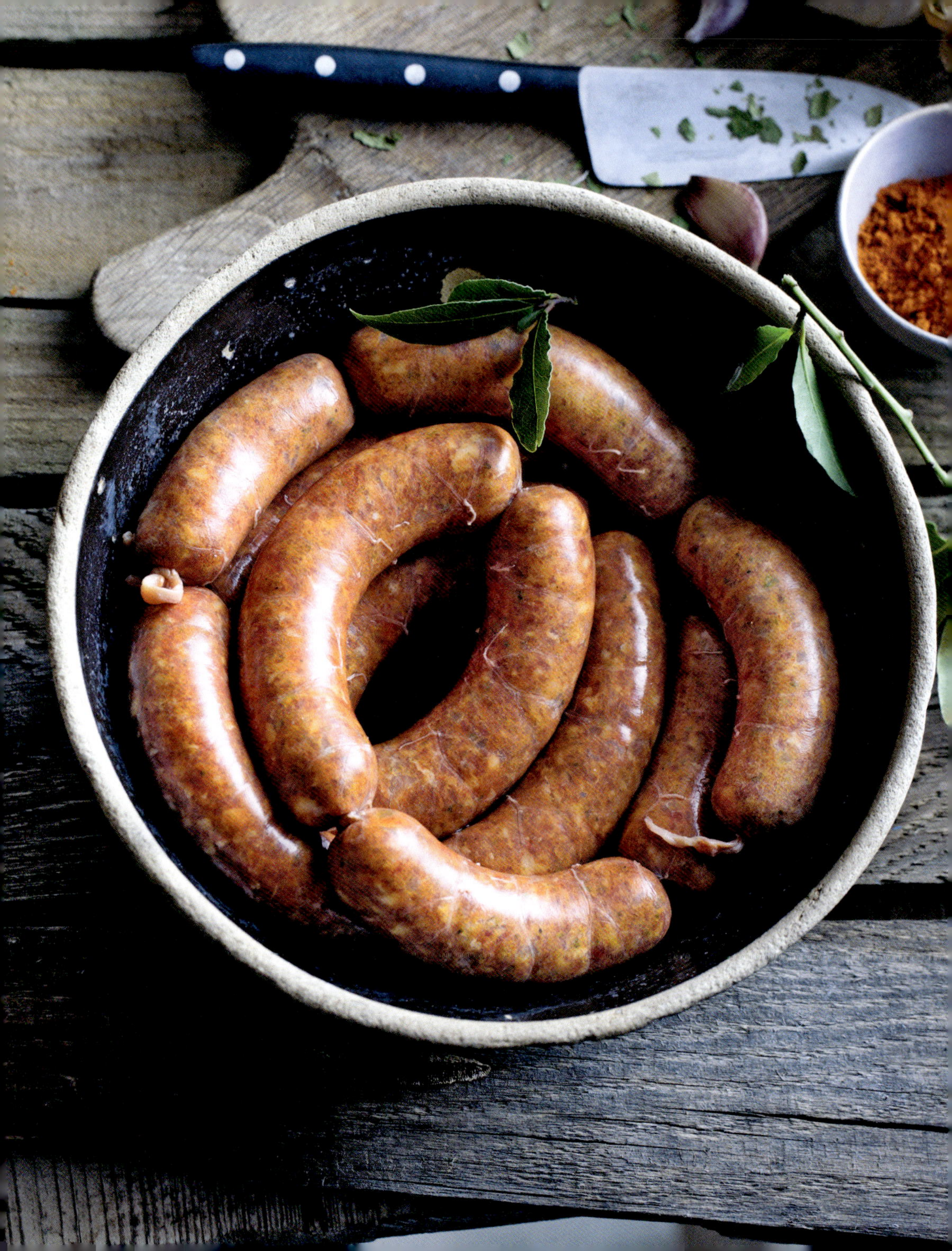

die Besten aus aller Welt | BRATWURST

Chorizo

unkompliziert und pikant
Vorbereitung: 2 Std. | Zubereitung: ca. 1 Std. | Ruhen: mind. 2 Std. |
Haltbarkeit: gekühlt ca. 4 Tage | Pro Wurst: ca. 305 kcal

Für ca. 20 Würste

1,2 kg mageres Schweinefleisch (Schulter ohne Schwarte)
400 g fetter Schweinerückenspeck (grüner Speck)
400 g Rindfleisch (Nacken)
2 Zwiebeln (ca. 80 g)
4 Knoblauchzehen | 1 EL Öl
24 g Salz | 4 g gemahlener weißer Pfeffer
5 g edelsüßes und 2 g rosenscharfes Paprikapulver
3 g getrockneter Oregano
1 g gemahlene Lorbeerblätter
20 ml Rotweinessig
175 ml trockener Rotwein

Außerdem:

4 m Schweinedarm (26/28)
Wurstgarn

1 Den Darm in einer großen Schüssel in lauwarmem Wasser 2 Std. einweichen, dabei mehrfach spülen. Alle Fleischsorten von Sehnen und Knorpeln befreien und in ca. 2 cm große Würfel schneiden. Schweine- und Rindfleisch 1 Std. kalt stellen, den Speck 30 Min. tiefkühlen. Bewegliche Fleischwolfteile kalt stellen. Inzwischen Zwiebeln sowie Knoblauch schälen und getrennt sehr fein würfeln. Zwiebeln in einer Pfanne im Öl glasig dünsten, Knoblauch kurz mitdünsten. Abkühlen lassen.

2 Fleisch und Speck mit Salz bestreuen und mit der Zwiebelmasse durch den Fleischwolf (Lochscheibe 4,5 mm) drehen. Pfeffer, beide Sorten Paprikapulver, Oregano, Lorbeerblätter, Essig und Wein hinzufügen. Gut verkneten, bis die Masse zu kleben beginnt.

3 Das Füllrohr (26 mm) am Fleischwolf oder Wurstfüller befestigen und den Darm aufziehen. Die Fleischmasse in den Darm füllen und Würste von 10–15 cm Länge abdrehen. Mind. 2 Std. ruhen lassen.

Variante: Botifarra al Escalivada

Für ca. 24 Würste | **Ca. 5 m Schweinedarm (26/28)** in lauwarmem Wasser 2 Std. einweichen. **Je 4 rote und gelbe Paprikaschoten** halbieren, entkernen und waschen. Backofengrill einschalten. Paprika im Ofen (oberste Schiene) mit der Hautseite nach oben grillen, bis die Haut schwarze Blasen wirft. Herausnehmen und in Alufolie gewickelt abkühlen lassen. **1 kg magere Schweineschulter** und **750 g Schweinebauch (beides ohne Schwarte)** klein würfeln, mit **35 g feinem Meersalz** bestreuen und 1 Std. kalt stellen. **3 Knoblauchzehen** schälen und sehr fein hacken. Die Paprikahälften häuten und mit dem Fleisch durch die feine Lochscheibe (2 mm) wolfen. Mit Knoblauch, **6 g gemahlenem schwarzem Pfeffer**, **4 g edelsüßem Paprikapulver**, **2 g Zimtpulver** und **4 g gerebeltem Thymian** mischen. Masse in den Darm füllen und Würste von ca. 15 cm Länge abdrehen. Vor dem Braten mind. 1 Std. im Kühlschrank ruhen lassen.

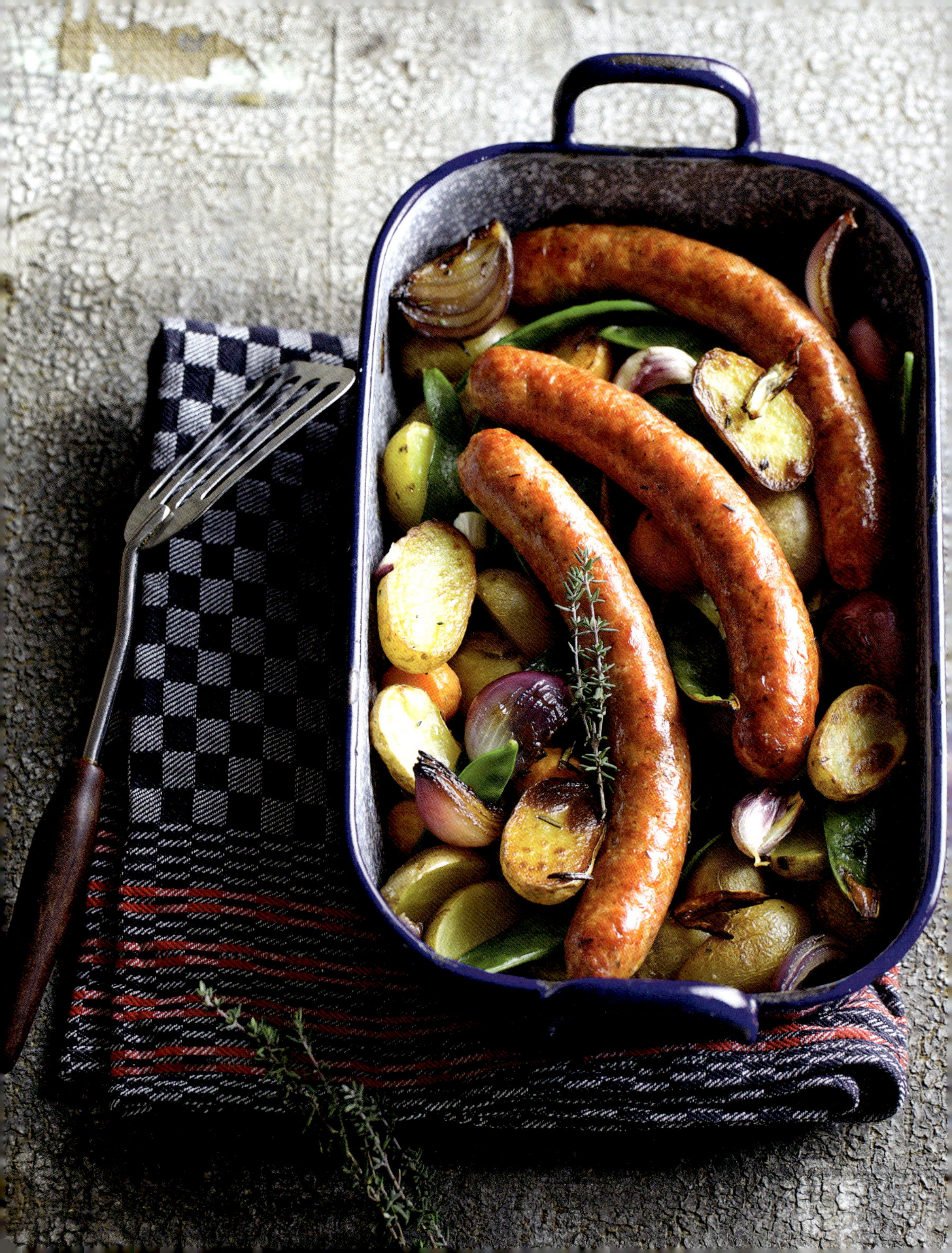

Merguez

klassisch mit Lammfleisch

Vorbereitung: 2 Std. | Zubereitung: ca. 45 Min. | Ruhen: mind. 3 Std. | Haltbarkeit: gekühlt ca. 4 Tage | Pro Wurst: ca. 145 kcal

Für ca. 24 Würste

2 kg Lammfleisch (Hals oder Schulter; ersatzweise Rindfleisch)
35 g feines Meersalz
3 Knoblauchzehen
4 g gemahlener schwarzer Pfeffer
4 g gemahlener Kreuzkümmel
2 g Zimtpulver
6 g Harissa (scharfe Chilipaste)
5 g edelsüßes Paprikapulver
100 ml Olivenöl

Außerdem:

6 m Saitling (18/20)

1 Den Saitling in einer großen Schüssel in lauwarmem Wasser 2 Std. einweichen, dabei mehrfach spülen. Das Fleisch von Sehnen und Knorpeln befreien, in ca. 2 cm große Würfel schneiden und kalt stellen.

2 Das Fleisch mit dem Salz bestreuen und durch den Fleischwolf (Lochscheibe 8 mm) geben. Den Knoblauch schälen, sehr fein hacken und mit Pfeffer, Kreuzkümmel, Zimtpulver, Harissa und Paprikapulver zur Fleischmasse geben. Alles gut mischen, dabei das Olivenöl nach und nach portionsweise unterarbeiten.

3 Das Füllrohr (26 mm) am Fleischwolf oder Wurstfüller befestigen und den Darm aufziehen. Die Fleischmasse in den Darm füllen, dabei Würste von 10–12 cm Länge abdrehen. Die Würste auseinanderschneiden und mind. 3 Std. im Kühlschrank ruhen lassen.

Cleveres Dazu: Ofengemüse

Für 4 Portionen | Backofen auf 210° vorheizen. **1 kg kleine Kartoffeln** waschen, längs halbieren. **4 Möhren** schälen, in 5 cm große Stücke schneiden. **2 rote Zwiebeln** schälen, in je 8 Spalten schneiden. **1 Knoblauchzehe** schälen, fein hacken. **4 Frühlingszwiebeln** putzen, waschen, in 3 cm lange Stücke schneiden. **250 g Zuckerschoten** putzen, waschen, schräg halbieren. **6 EL Olivenöl**, **1 TL Salz**, **½ TL Thymian**, **1 Msp. Cayennepfeffer**, **1 Msp. Zucker** und die **abgeriebene Schale von ½ Bio-Zitrone** verrühren. Gemüse und Ölmischung in einer ofenfesten Form mischen. **8 Merguez** darauflegen und **350 ml Gemüsebrühe** angießen. Im Ofen (Mitte, Umluft 190°) 20 Min. garen. Gemüse durchmischen, Merguez wenden und in weiteren 20 Min. fertig garen.

Geflügel-Merguez

mal anders mit Hähnchenfleisch | *Vorbereitung: 2 Std.* | *Zubereitung: ca. 45 Min.* | *Ruhen: mind. 1 Std.* | *Haltbarkeit: gekühlt ca. 2 Tage* | *Pro Wurst: ca. 200 kcal*

Für ca. 24 Würste

3 kg Hähnchenschenkel (mit Rückenanteil)
30 g feines Meersalz
4 g gemahlener schwarzer Pfeffer
4 g gemahlener Kreuzkümmel
2 g Zimtpulver
4 g Harissa (scharfe Chilipaste)
5 g edelsüßes Paprikapulver
2 g gehackte Minze
abgeriebene Schale von 1 Bio-Orange
100 ml Olivenöl

Außerdem:

7 m Saitling (18/20)

1 Saitling in einer großen Schüssel in lauwarmem Wasser 2 Std. einweichen, dabei mehrfach spülen. Hähnchen entbeinen und mitsamt Haut sowie Fett klein schneiden. Mit Meersalz bestreuen und 1 Std. kalt stellen. Bewegliche Fleischwolfteile ebenfalls kalt stellen.

2 Fleisch durch den Fleischwolf (Lochscheibe 2 mm) geben. Pfeffer, Kreuzkümmel, Zimtpulver, Harissa, Paprikapulver, Minze und Orangenschale untermengen. Das Olivenöl nach und nach portionsweise untermischen, bis die Masse zu kleben beginnt.

3 Das Füllrohr (26 mm) am Fleischwolf oder Wurstfüller befestigen und den Darm aufziehen. Masse einfüllen, dabei Würste von ca. 15 cm Länge abdrehen. Auseinanderschneiden und mind. 1 Std. im Kühlschrank ruhen lassen.

die Besten aus aller Welt | BRATWURST

Entenbratwurst Asia Style

ungewöhnlich | *Vorbereitung: 2 Std. | Zubereitung: ca. 45 Min. | Ruhen: mind. 1 Std. | Haltbarkeit: gekühlt ca. 3 Tage | Pro Wurst: ca. 115 kcal*

Für ca. 24 Würste

4 Entenkeulen (mit Haut)
3 Entenbrüste (mit Haut)
30 g feines Meersalz
4 g gemahlener schwarzer Pfeffer
5 g Fünf-Gewürze-Pulver (aus dem Asienladen)
2 g frisch geriebene Muskatnuss
2 g Ingwerpulver
3 EL helle Sojasauce
2 EL Roh-Rohrzucker
Saft und abgeriebene Schale von 1 Bio-Limette

Außerdem:

7 m Saitling (18/20)

1 Den Saitling in einer großen Schüssel in lauwarmem Wasser 2 Std. einweichen, dabei mehrfach spülen. Die Entenkeulen und -brüste waschen und trocken tupfen, die Keulen entbeinen. Das gesamte Fleisch mitsamt Haut und Fett in ca. 2 cm große Würfel schneiden. Das Fleisch mit Salz bestreuen und 1 Std. kalt stellen. Die beweglichen Fleischwolfteile ebenfalls kalt stellen

2 Das Fleisch durch den Fleischwolf (Lochscheibe 2 mm) geben. Pfeffer, Fünf-Gewürze-Pulver, Muskatnuss, Ingwerpulver, Sojasauce, Zucker, Limettensaft und -schale gründlich untermengen, bis die Masse zu kleben beginnt.

3 Das Füllrohr (26 mm) am Fleischwolf oder Wurstfüller befestigen und den Darm aufziehen. Die Fleischmasse in den Saitling füllen, dabei Würste von ca. 15 cm Länge abdrehen. Würste auseinanderschneiden und mind. 1 Std. im Kühlschrank ruhen lassen.

1

2

3

die Besten aus aller Welt | BRATWURST

Südafrikanische Bratwurstschnecke

aufgerollter Exote

Vorbereitung: 2 Std. | Zubereitung: ca. 45 Min. | Ruhen: ca. 2 Std. |
Haltbarkeit: gekühlt ca. 4 Tage | Pro Wurst: ca. 655 kcal

Für ca. 8 Würste

850 g mageres Schweinefleisch (Schulter ohne Schwarte)

850 g mageres Rindfleisch (Oberschale)

300 g fetter Schweinerückenspeck (grüner Speck)

1 Knoblauchzehe

32 g Salz

4 g gemahlener schwarzer Pfeffer

2 g gemahlener Piment

2 g frisch geriebene Muskatnuss

2 g gemahlener Koriander

1–2 g gemahlene Gewürznelken

50 ml Rotweinessig

20 ml Worcestershiresauce

20 ml Weinbrand (z. B. Brandy oder Cognac)

Außerdem:

5 m Schweinedarm (20/26)

16 Holzspieße (Schaschlikspieße)

1 Den Darm in einer großen Schüssel in lauwarmem Wasser 2 Std. einweichen, dabei mehrfach spülen. Das Schweine- sowie das Rindfleisch in ca. 2 cm große Würfel schneiden, den Schweinespeck in sehr feine Würfel schneiden. Fleisch, Speck und die beweglichen Fleischwolfteile kalt stellen.

2 Den Knoblauch schälen und fein hacken. Das Schweine- und das Rindfleisch zweimal durch den Fleischwolf (Lochscheibe 4,5 mm) geben. Mit Speckwürfeln, Salz, Pfeffer, Piment, Muskatnuss, Koriander, Gewürznelken und Knoblauch gut mischen. Anschließend die Masse 1 Std. im Kühlschrank ruhen lassen.

3 Essig, Worcestershiresauce und Weinbrand unter das Fleischbrät mischen. Das Füllrohr (26 mm) am Fleischwolf oder Wurstfüller befestigen und den Darm aufziehen. Die Fleischmasse in den Darm füllen, dabei Würste von 60–70 cm Länge abdrehen (**Bild 1**).

4 Die Würste auf der Arbeitsfläche zu Schnecken aufrollen (**Bild 2**). Jeweils über Kreuz zwei Holzspieße durchstechen, sodass die Form fixiert wird (**Bild 3**). Würste 2 Std. im Kühlschrank ruhen lassen.

Clever variieren

Wenn Sie die etwas gröberen Speckstückchen in den Bratwurstschnecken nicht mögen, können Sie den Speck natürlich auch zusammen mit dem Fleisch durch den Fleischwolf geben.

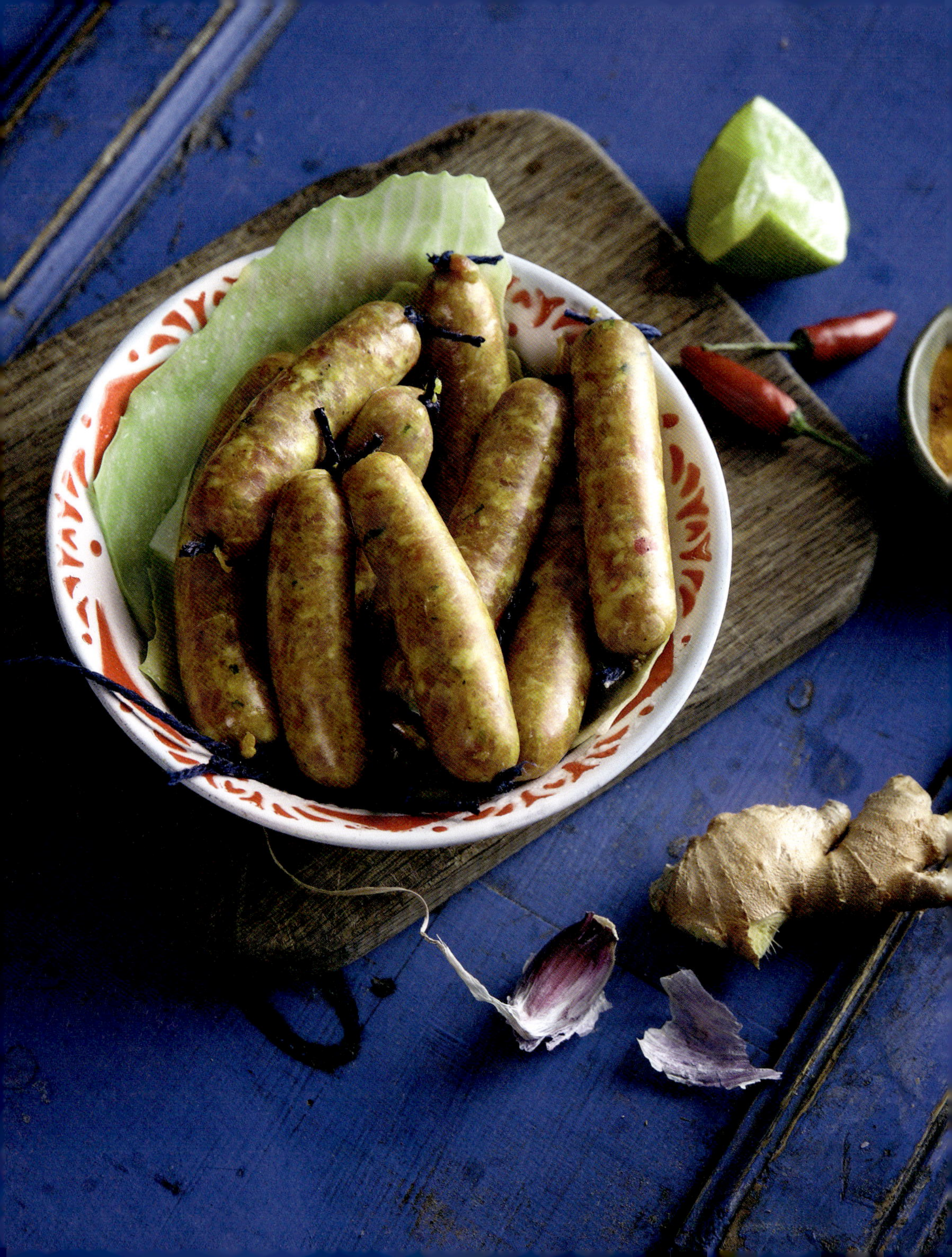

die Besten aus aller Welt | BRATWURST

Thailändische
Bratwurst

aufwendig, aber raffiniert

Vorbereitung: 2 Std. | Zubereitung: ca. 2 Std. | Ruhen: mind. 2 Std. |
Haltbarkeit: gekühlt ca. 4 Tage | Pro Wurst: ca. 130 kcal

Für ca. 30 Würste

1,25 kg fetter Schweinebauch (ohne Schwarte)
750 g mageres Schweinefleisch (Schulter ohne Schwarte)
2 Schalotten
2 Knoblauchzehen
2 daumengroße Stück Ingwer
3 Chilischoten
4 g gemahlener schwarzer Pfeffer
2 g frisch geriebene Muskatnuss
2 g gemahlener Koriander
2 g Kurkumapulver
2 EL helle Sojasauce
4 EL Fischsauce (aus dem Asienladen)
2 Frühlingszwiebeln
6 Stängel Koriandergrün
30 g Salz
abgeriebene Schale von 1 Bio-Limette

Außerdem:

8 m Saitling (18/20)
Wurstgarn

1 Den Saitling in einer großen Schüssel in lauwarmem Wasser 2 Std. einweichen. Beide Fleischsorten sorgfältig von Sehnen und Knorpeln befreien und in ca. 2 cm große Würfel schneiden. Die Schweineschulter 1 Std. kalt stellen, den Schweinebauch 30 Min. tiefkühlen. Die beweglichen Fleischwolfteile kalt stellen.

2 Schalotten und Knoblauch schälen und sehr fein hacken. Ingwer schälen und fein reiben. Chilischoten längs halbieren, entkernen, waschen und fein hacken. Zerkleinerte Zutaten mit Pfeffer, Muskatnuss, gemahlenem Koriander, Kurkuma, Sojasauce und Fischsauce in einem Mörser zu einer glatten Paste verreiben. Frühlingszwiebeln putzen, waschen und in feine Ringe schneiden. Koriander waschen und grob hacken.

3 Beide Fleischsorten mit dem Salz bestreuen und durch den Fleischwolf (Lochscheibe 4,5 mm) geben. Gewürzpaste, Limettenschale, Frühlingszwiebeln und Koriander gut mit dem Fleisch mischen, bis die Masse leicht zu kleben beginnt. Das Füllrohr (20 mm) am Fleischwolf oder Wurstfüller befestigen und den Darm aufziehen. Die Fleischmasse in den Darm füllen, dabei Würste von 10 cm Länge abdrehen und evtl. mit Wurstgarn abbinden (siehe Seite 19). Vor dem Braten mind. 2 Std. im Kühlschrank ruhen lassen.

Clever variieren

Variieren Sie die »Sai Uar«, so heißt die Wurst in ihrer Heimat: Mehr oder weniger **Chili**, eine Extraportion **Koriandergrün** oder Kräuter wie **Petersilie**, **Schnittlauch** oder **Liebstöckel** geben ein anderes Aroma.

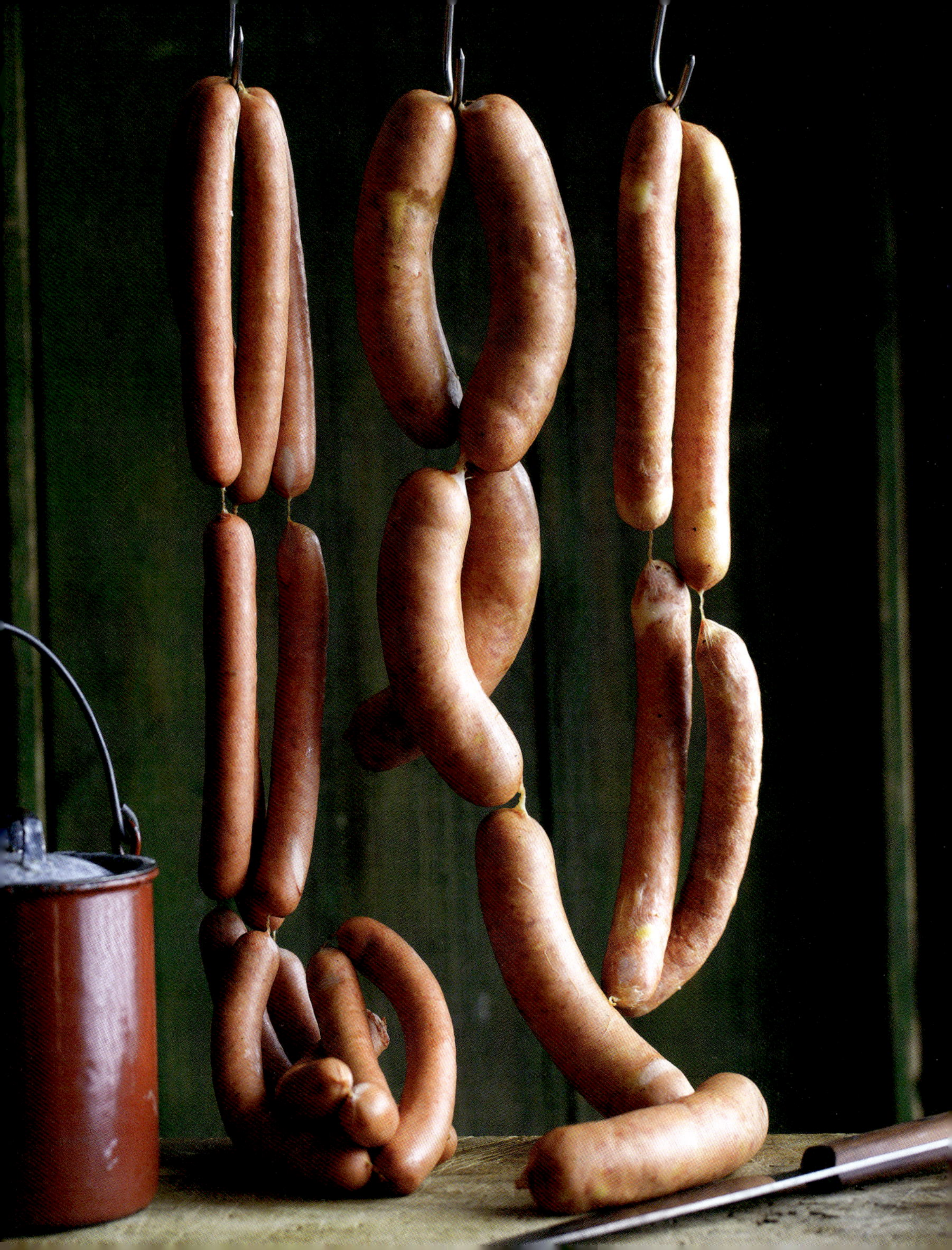

BRÜHWURST – VIELFALT ZU BROT

Besonders vielseitig und zu jeder Tageszeit:
Brühwürste schmecken pur als knackiges Wiener Würstchen auf die Hand genauso gut wie als Regensburger im Wurstsalat oder Mortadella auf dem Frühstücksbrot – kein Wunder also, dass sie bei Klein und Groß gleichermaßen beliebt sind. Denn wer kann einer frisch abgeschnittenen Scheibe Gelbwurst schon widerstehen?

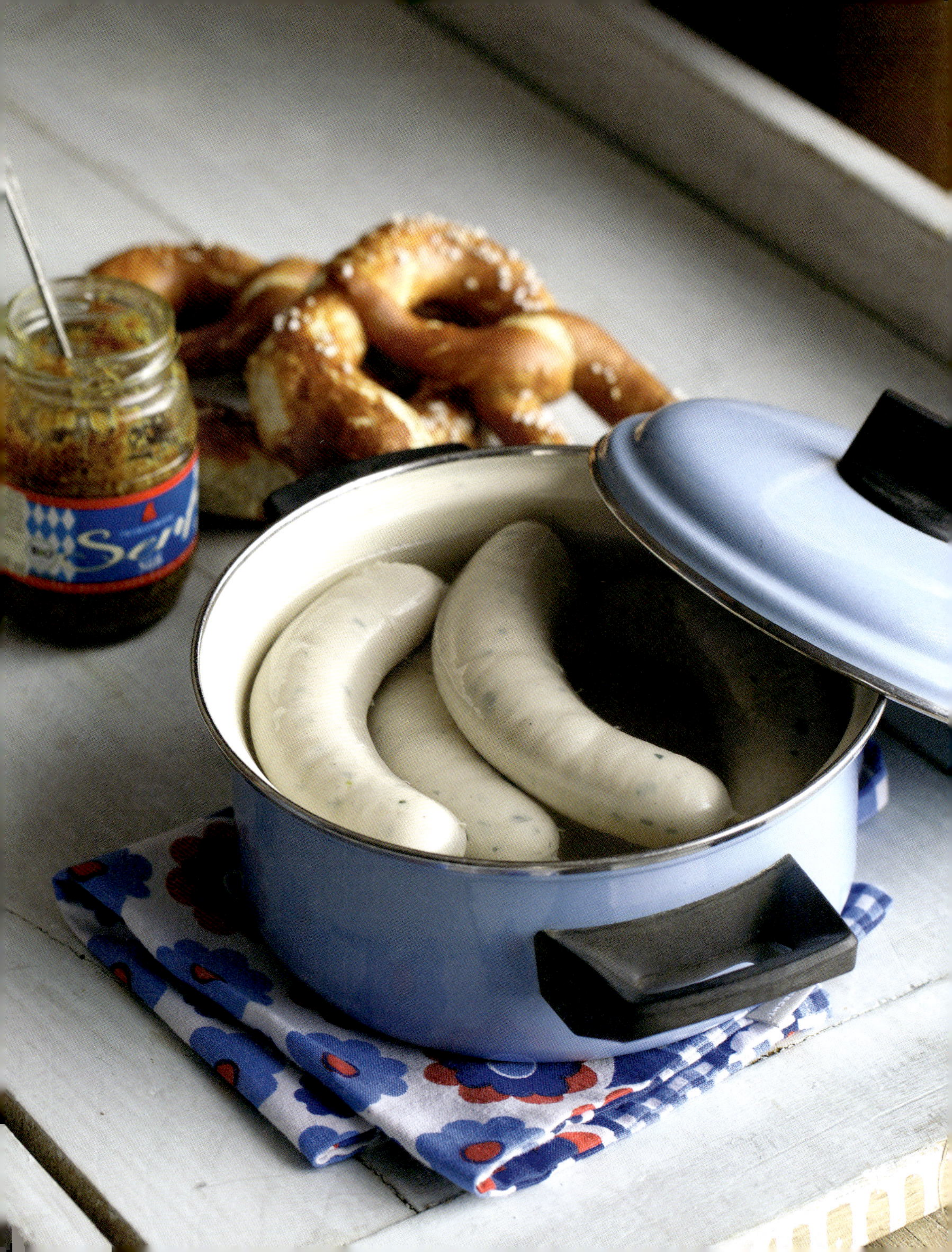
Senf

Münchner Weißwurst

Original zu Brezel und Bier

Vorbereitung: 2 Std. | Zubereitung: ca. 1 Std. | Brühen: 25 Min. | Haltbarkeit: gekühlt ca. 1 Woche | Pro Wurst: ca. 285 kcal

Für ca. 20 Würste

850 g Kalbfleisch (Schulter)
650 g fetter Schweinerückenspeck (grüner Speck)
1 großes Bund glatte Petersilie
35 g Salz
500 g Eisschnee (siehe Seite 55)
abgeriebene Schale von 2 Bio-Zitronen
6 g gemahlener weißer Pfeffer
2 g gemahlene Muskatblüte
2 g gemahlene gelbe Senfkörner

Außerdem:

5 m Schweinedarm (26/28)

1. Den Darm in einer großen Schüssel in lauwarmem Wasser 2 Std. einweichen, dabei mehrfach spülen. Fleisch und Speck von Sehnen und Knorpeln befreien und klein würfeln. Fleisch und Speck durch den Fleischwolf (Lochscheibe 3 mm) geben und 1 Std. tiefkühlen.

2. Die Petersilie waschen und trocken schütteln, die Blätter sehr fein hacken. Das Fleisch mit Salz sowie Eisschnee mischen und durch den Fleischwolf (Lochscheibe 2 mm) geben. In der Küchenmaschine mit dem Knethaken 10 Min. verkneten, dabei Zitronenschale, Pfeffer, Muskatblüte und Senfkörner unterarbeiten.

3. Das Füllrohr (26 mm) am Fleischwolf oder Wurstfüller befestigen und den Darm aufziehen. Die Fleischmasse in den Darm füllen, dabei Würste von ca. 12 cm Länge abdrehen. In einem großen Topf Wasser erhitzen und die Wurstkette darin 25 Min. bei 75° brühen (siehe Seite 19). Sofort servieren oder in eiskaltem Wasser abkühlen lassen.

Variante: Kalbswurst mit Steinpilzen

Für ca. 30 Würste | **6 m Saitling (18/20)** in lauwarmem Wasser 2 Std. einweichen, dabei mehrfach spülen. **1 kg mageres Kalbfleisch (aus der Keule)** und **600 g fetten Schweinerückenspeck (grüner Speck)** von Sehnen und Knorpeln befreien, würfeln, durch den Fleischwolf (Lochscheibe 2 mm) geben und 1 Std. tiefkühlen. **30 g getrocknete Steinpilze** mit **150 ml kochendem Wasser** übergießen, 30 Min. quellen lassen, gut ausdrücken und sehr fein schneiden. Fleisch und Speck mit **400 g Eisschnee** und **20 g Salz** mischen und wolfen. In der Küchenmaschine 10 Min. verkneten, dabei **je 2 g gemahlenen weißen Pfeffer** und **gemahlene Muskatblüte** einarbeiten. Pilze, **30 g gehackte Pistazien** und **50 ml weißen Portwein** unterarbeiten. Das Füllrohr (20 mm) am Fleischwolf oder Wurstfüller befestigen und den Darm aufziehen. Fleischmasse in den Darm füllen, dabei Würste von ca. 12 cm Länge abdrehen. Würste in Wasser bei 75–80° 25 Min. brühen, dann in kaltem Wasser abkühlen lassen (siehe Seite 19). Mit Küchenpapier abtrocknen. Gekühlt ca. 2 Wochen haltbar.

Wiener Würstchen

kalt und heiß knackig-zart | *Vorbereitung: 2 Std.* | *Zubereitung: ca. 1 Std.* | *Trocknen: 2 Std.* | *Räuchern: 1 Std.* | *Brühen: 20 Min.* | *Haltbarkeit: gekühlt ca. 4 Wochen* | *Pro Wurst: ca. 130 kcal*

Für ca. 30 Würste

1 kg Rinderschulter
500 g magerer Schweinebauch (ohne Schwarte)
200 g fetter Schweinerückenspeck (grüner Speck)
35 g Salz
400 g Eisschnee (siehe Seite 55)
6 g gemahlener weißer Pfeffer
2 g gemahlene Muskatblüte
2 g Ingwerpulver
0,5 g gemahlener Kardamom

Außerdem:

8 m Saitling (18/20)

1. Saitling in einer großen Schüssel in lauwarmem Wasser 2 Std. einweichen, dabei mehrfach spülen. Rind-, Schweinefleisch und Speck von Sehnen und Knorpeln befreien, klein würfeln, durch den Fleischwolf (Lochscheibe 4,5 mm) geben und 1 Std. tiefkühlen.

2. Fleisch, Speck, Salz und Eisschnee mischen und durch den Fleischwolf (Lochscheibe 2 mm) geben. In der Küchenmaschine mit dem Knethaken 10 Min. mischen, dabei Pfeffer, Muskatblüte, Ingwer und Kardamom einarbeiten. Füllrohr (20 mm) am Fleischwolf oder Wurstfüller befestigen und Darm aufziehen. Fleischmasse in den Darm füllen, dabei Würste von ca. 20 cm Länge abdrehen.

3. Würste auf Stangen gehängt bei Raumtemperatur 2 Std. trocknen lassen. Dann ca. 1 Std. bei 80° heiß räuchern, bis eine Kerntemperatur von ca. 68° erreicht ist (siehe Seite 17). In Wasser 20 Min. bei 75–80° brühen, in eiskaltem Wasser abkühlen lassen und abtrocknen (siehe Seite 19).

Schübling

typisch schwäbisch | *Vorbereitung: 2 Std.* | *Zubereitung: ca. 1 Std.* |
Trocknen: 3 Std. | *Räuchern: 2 Std.* | *Brühen: 1 Std.* | *Haltbarkeit: gekühlt ca. 2 Wochen* | *Pro Wurst: ca. 230 kcal*

Für ca. 20 Würste

je 750 g Schweinefleisch (Nacken) und 750 g mageres Rindfleisch (Schulter)
300 g fetter Schweinerückenspeck (grüner Speck)
35 g Salz | 400 g Eisschnee
6 g gemahlener weißer Pfeffer
2 g gemahlene Muskatblüte
2 g gemahlener Koriander
je 2 g Ingwer- und edelsüßes Paprikapulver | 2 g Zucker

Außerdem:

4 m Schweinedarm (30/32)
Wurstgarn

1 Darm 2 Std. wässern, dabei mehrfach spülen. Beide Fleischsorten und Speck von Sehnen und Knorpeln befreien, klein würfeln und durch den Fleischwolf (Lochscheibe 8 mm) geben. 1 Std. tiefkühlen.

2 Fleisch, Speck, Salz und Eisschnee (siehe Seite 55) mischen und durch den Fleischwolf (Lochscheibe 2 mm) geben. In der Küchenmaschine mit dem Knethaken 10 Min. mischen, dabei Pfeffer, Muskatblüte, Koriander, Ingwer, Paprika und Zucker unterarbeiten. Füllrohr (26 mm) am Fleischwolf oder Wurstfüller befestigen und Darm aufziehen. Fleischmasse in den Darm füllen, dabei Würste von ca. 10 cm Länge abdrehen und mit Wurstgarn abbinden.

3 Würste auf Stangen gehängt bei Raumtemperatur 3 Std. trocknen lassen. Dann 2 Std. bei 60° heiß räuchern (siehe Seite 17). In Wasser 1 Std. bei 75–80° brühen (siehe Seite 19). In eiskaltem Wasser abkühlen lassen und abtrocknen.

1
2
3

am liebsten täglich | BRÜHWURST

Regensburger Würstchen

ideal für Wurstsalate

Vorbereitung: 2 Std. | Zubereitung: ca. 1 Std. | Trocknen: 2 Std. | Räuchern: 1 Std. | Brühen: 40 Min. | Haltbarkeit: gekühlt ca. 2 Wochen | Pro Wurst: ca. 170 kcal

Für ca. 18 Würste

1,2 kg magerer Schweinebauch (ohne Schwarte)
500 g mageres Rindfleisch (Schulter)
1 Zwiebel (ca. 40 g)
½ TL Butter
1 Knoblauchzehe
35 g Salz
300 g Eisschnee (siehe unten)
4 g gemahlener weißer Pfeffer
2 g gemahlene Muskatblüte
3 g gerebelter Majoran
1 g gemahlener Kardamom
abgeriebene Schale von 1 Bio-Zitrone

Außerdem:

4 m Rinderkranzdarm (40/43)
Wurstgarn

Clever gewusst

Eisschnee sorgt für eine niedrige Verarbeitungstemperatur und gute Bindung der Fleischmasse. Zerkleinern Sie dazu einfach Crushed Ice (erhältlich in größeren Supermärkten oder an Tankstellen) so fein wie möglich im Blitzhacker. Ersatzweise können Sie eiskaltes Mineralwasser verwenden.

1 Den Darm in einer großen Schüssel in lauwarmem Wasser 2 Std. einweichen, dabei mehrfach spülen. Schweine- und Rindfleisch sorgfältig von Sehnen und Knorpeln befreien, in ca. 2 cm große Würfel schneiden und durch den Fleischwolf (Lochscheibe 8 mm) geben. 1 Std. tiefkühlen.

2 Die Zwiebel schälen und in feine Würfel schneiden. Die Butter in einer Pfanne erhitzen und die Zwiebel darin glasig dünsten. Abkühlen lassen. Den Knoblauch schälen und sehr fein hacken.

3 Fleisch, Salz und Eisschnee mischen (**Bild 1**). Die Hälfte der Masse mit der Zwiebel durch den Fleischwolf (Lochscheibe 2 mm) geben. Die andere Hälfte der Fleischmasse durch den Fleischwolf (Lochscheibe 8 mm) geben. Beide Fleischmassen zusammen in der Küchenmaschine mit dem Knethaken 10 Min. mischen, dabei Pfeffer, Muskatblüte, Majoran, Kardamom, Zitronenschale und den gehackten Knoblauch unterarbeiten.

4 Das Füllrohr (26 mm) am Fleischwolf oder Wurstfüller befestigen und den Darm aufziehen. Die Fleischmasse in den Darm füllen (**Bild 2**), dabei Würste von ca. 10–12 cm Länge abdrehen und mit Wurstgarn abbinden (siehe Seite 19). Die Würste auf Stangen gehängt bei Raumtemperatur 2 Std. trocknen lassen.

5 Die Würste ca. 1 Std. bei 80° heiß räuchern (**Bild 3**), bis eine Kerntemperatur von ca. 68° erreicht ist (siehe Seite 17). In einem großen Topf Wasser erhitzen und die Würste darin 40 Min. bei 75° brühen (siehe Seite 19). Würste aus dem Topf nehmen, in eiskaltem Wasser abkühlen lassen und mit Küchenpapier abtrocknen.

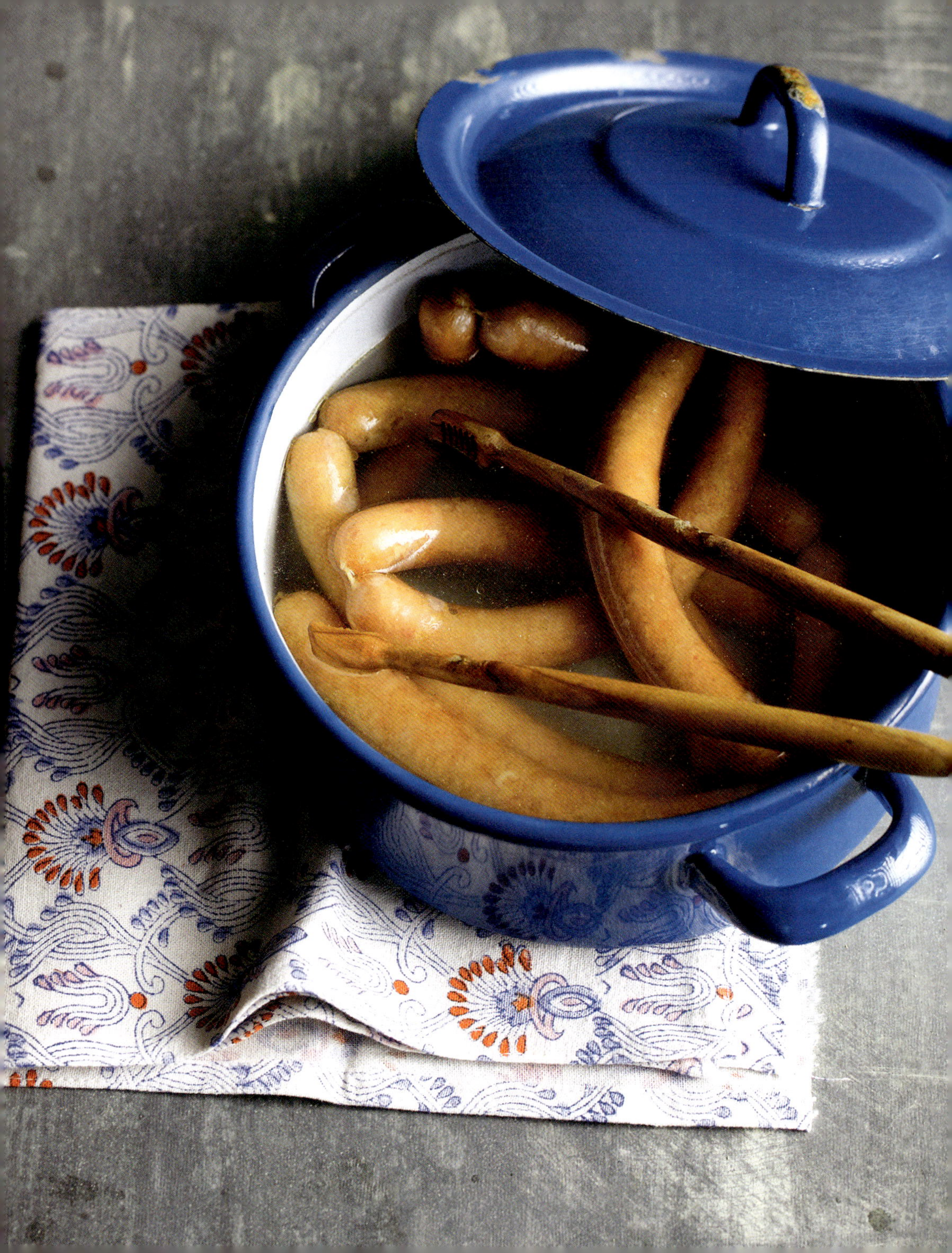

am liebsten täglich | BRÜHWURST

Debrecziner

knackig-scharf

Vorbereitung: 2 Std. | Zubereitung: ca. 1 Std. | Trocknen: 2 Std. | Räuchern: 45 Min. | Brühen: 30 Min. | Haltbarkeit: ca. 4 Wochen | Pro Wurst: ca. 330 kcal

Für ca. 20 Würste

1,5 kg mageres Schweinefleisch (Schulter ohne Schwarte)
40 g Salz
500 g fetter Schweinerückenspeck (grüner Speck)
3 Knoblauchzehen
10 g edelsüßes Paprikapulver
3 g gemahlener weißer Pfeffer
2 g gemahlener Koriander
1 g gemahlener Kümmel
1 g frisch geriebene Muskatnuss
1 g Cayennepfeffer

Außerdem:

6 m Saitling (18/20)

1 Saitling in einer Schüssel in lauwarmem Wasser 2 Std. einweichen, dabei mehrfach spülen. Fleisch von Sehnen und Knorpeln befreien, in ca. 2 cm große Würfel schneiden, mit Salz bestreuen und 1 Std. kalt stellen. Speck würfeln und 1 Std. tiefkühlen. Bewegliche Fleischwolfteile kalt stellen.

2 Knoblauch schälen, sehr fein hacken und mit Fleisch sowie Speck durch den Fleischwolf (Lochscheibe 4,5 mm) geben. Mit Paprika, Pfeffer, Koriander, Kümmel, Muskatnuss und Cayennepfeffer bestreuen und in der Küchenmaschine mit dem Knethaken 10 Min. mischen.

3 Füllrohr (20 mm) am Fleischwolf oder Wurstfüller befestigen und den Saitling aufziehen. Fleischmasse in den Darm füllen, dabei Würste von ca. 20 cm Länge abdrehen. Würste 2 Std. bei Raumtemperatur trocknen lassen, dann 45 Min. bei 60° heiß räuchern (siehe Seite 17). In einem großen Topf Wasser erhitzen und die Würste darin 30 Min. bei 75–80° brühen (siehe Seite 19). In eiskaltem Wasser abkühlen lassen und mit Küchenpapier abtrocknen.

Variante: Burenwurst

Für ca. 20 Würste | **5 m Saitling (26/28)** 2 Std. wässern, dabei mehrfach spülen. **800 g mageres Schweinefleisch (Schulter, ohne Schwarte), 400 g Schweinespeck** und **800 g mageres Rindfleisch (Hohe Rippe)** von Sehnen und Knorpeln befreien und klein würfeln. Schweinefleisch mit -speck und Rindfleisch getrennt in Schüsseln geben, mit insgesamt **40 g Salz** bestreuen und 1 Std. kalt stellen. Bewegliche Fleischwolfteile kalt stellen. **2 Knoblauchzehen** schälen, fein hacken. Rindfleisch mit Knoblauch durch den Fleischwolf (Lochscheibe 2 mm) geben, Schweinefleisch und -speck durch die grobe Scheibe (8 mm) wolfen. Beide Fleischmassen in der Küchenmaschine mit **je 4 g gemahlenem weißem Pfeffer, frisch geriebener Muskatnuss** und **gerebeltem Majoran** sowie **2 g gelben Senfkörner** 10 Min. verkneten. Füllrohr (26 mm) am Fleischwolf oder Wurstfüller befestigen, Saitling aufziehen. Darm füllen, dabei Würste von ca. 20 cm Länge abdrehen. 2 Std. bei Raumtemperatur trocknen lassen, dann 1 Std. bei 60° heiß räuchern. Würste in Wasser 30 Min. bei 75–80° brühen. In eiskaltem Wasser abkühlen lassen und mit Küchenpapier abtrocknen. Gekühlt ca. 4 Wochen haltbar.

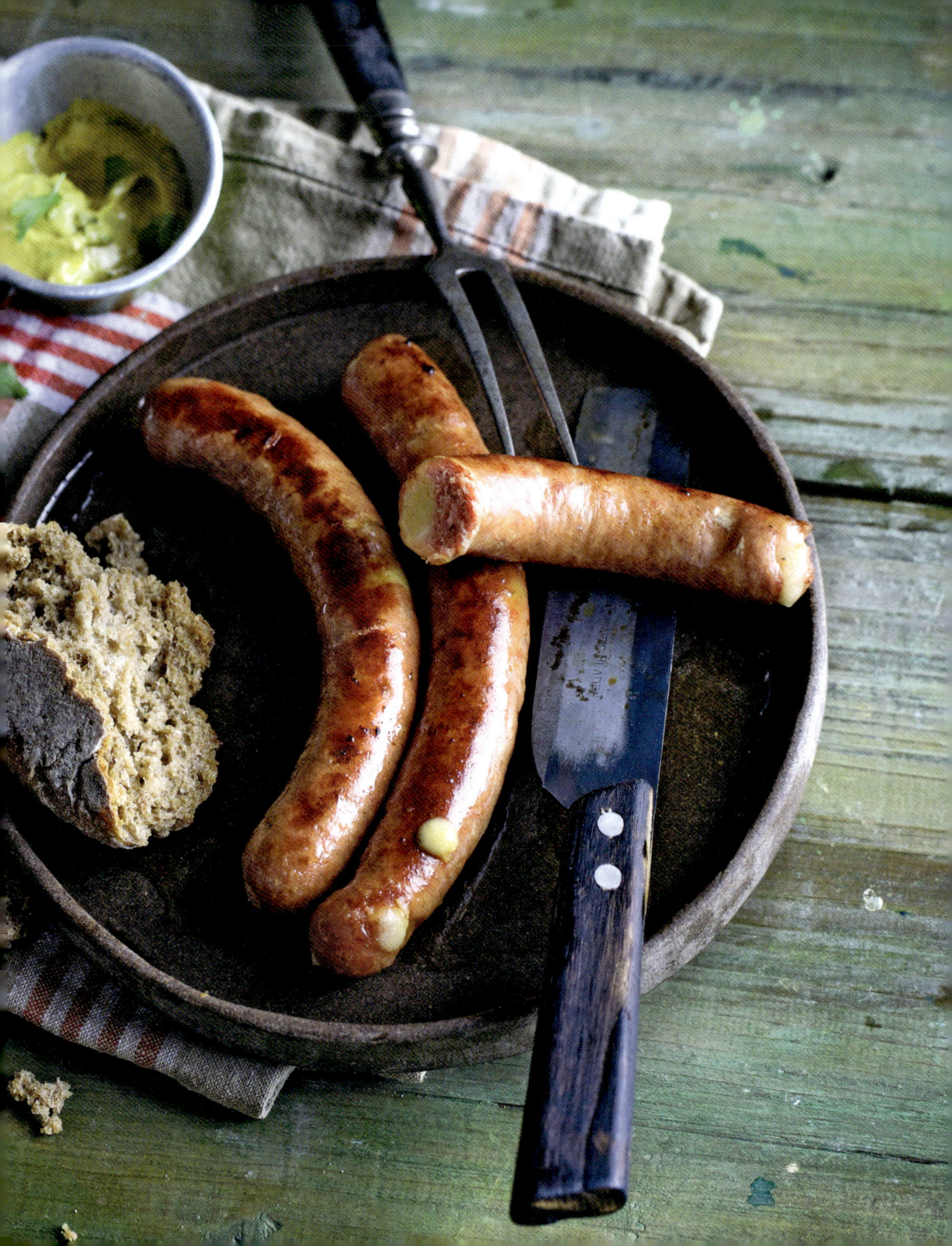

am liebsten täglich | BRÜHWURST

Käsekrainer

klassisch österreichisch

Vorbereitung: ca. 10 Std. | Zubereitung: ca. 1 Std. | Trocknen: 2 Std. | Räuchern: 1 Std. | Brühen: 30 Min. | Haltbarkeit: gekühlt ca. 4 Wochen | Pro Wurst: ca. 310 kcal

Für ca. 20 Würste

1 kg Schweinebauch (ohne Schwarte)
750 g durchwachsenes Rindfleisch (Schulter)
30 g Nitritpökelsalz (siehe Clever gewusst)
300 g Emmentaler Käse
3 Knoblauchzehen
250 g gekochte Schweineschwarte (siehe Clever bevorraten)
4 g gemahlener weißer Pfeffer
3 g gemahlener Piment
2 g frisch geriebene Muskatnuss
6 g Zucker
100 ml Milch

Außerdem:

5 m Saitling (24/26)

Clever bevorraten

Für verschiedene Wurstarten brauchen Sie gekochte Schweineschwarten, damit das Brät locker wird. Sammeln Sie dafür die Schwarten von Schweinefleischstücken und frieren Sie diese ein. Bei Bedarf dann entnehmen und ca. 1 Std. 30 Min. sanft in Wasser köcheln und dann abkühlen lassen.

1 Schweinebauch und Rindfleisch in ca. 2 cm große Würfel schneiden, getrennt in Schüsseln geben und jeweils mit der Hälfte des Pökelsalzes bestreuen. Zum Umröten (siehe Clever gewusst) mind. 8 Std., am besten über Nacht, kalt stellen. Käse in ½ cm große Würfel schneiden und ebenso wie die beweglichen Fleischwolfteile kalt stellen.

2 Am nächsten Tag den Saitling in einer großen Schüssel in lauwarmem Wasser 2 Std. einweichen, dabei mehrfach spülen. Knoblauch schälen und fein hacken. Rindfleisch zweimal durch die mittlere Lochscheibe (3 mm) des Fleischwolfs geben. Schweinebauch mit gekochter Schwarte und Knoblauch durch die feine Scheibe (2 mm) wolfen. Die Fleischmassen mit Emmentaler Käse, Pfeffer, Piment, Muskatnuss, Zucker und Milch in der Küchenmaschine mit dem Knethaken 8–10 Min. mischen.

3 Füllrohr (26 mm) am Fleischwolf oder Wurstfüller befestigen und Darm aufziehen. Fleischmasse in den Darm füllen, dabei Würste von ca. 20 cm Länge abdrehen. Auf Stangen gehängt bei Raumtemperatur 2 Std. trocknen lassen.

4 Würste 1 Std. bei 60° heiß räuchern (siehe Seite 17). In einem großen Topf Wasser erhitzen und die Würste darin 30 Min. bei 70–75° brühen (siehe Seite 19). In eiskaltem Wasser abkühlen lassen und mit Küchenpapier abtrocknen.

Clever gewusst

Wenn Wurst nur mit normalem Speisesalz gewürzt wird, kann sie leicht grau werden. Um das zu verhindern, wird **Nitritpökelsalz** verwendet. Der Vorgang, bei dem das Fleisch eine leuchtend rote Farbe bekommt, nennt man **»Umröten«**. Als positiver Nebeneffekt entsteht dabei das typische Pökelaroma.

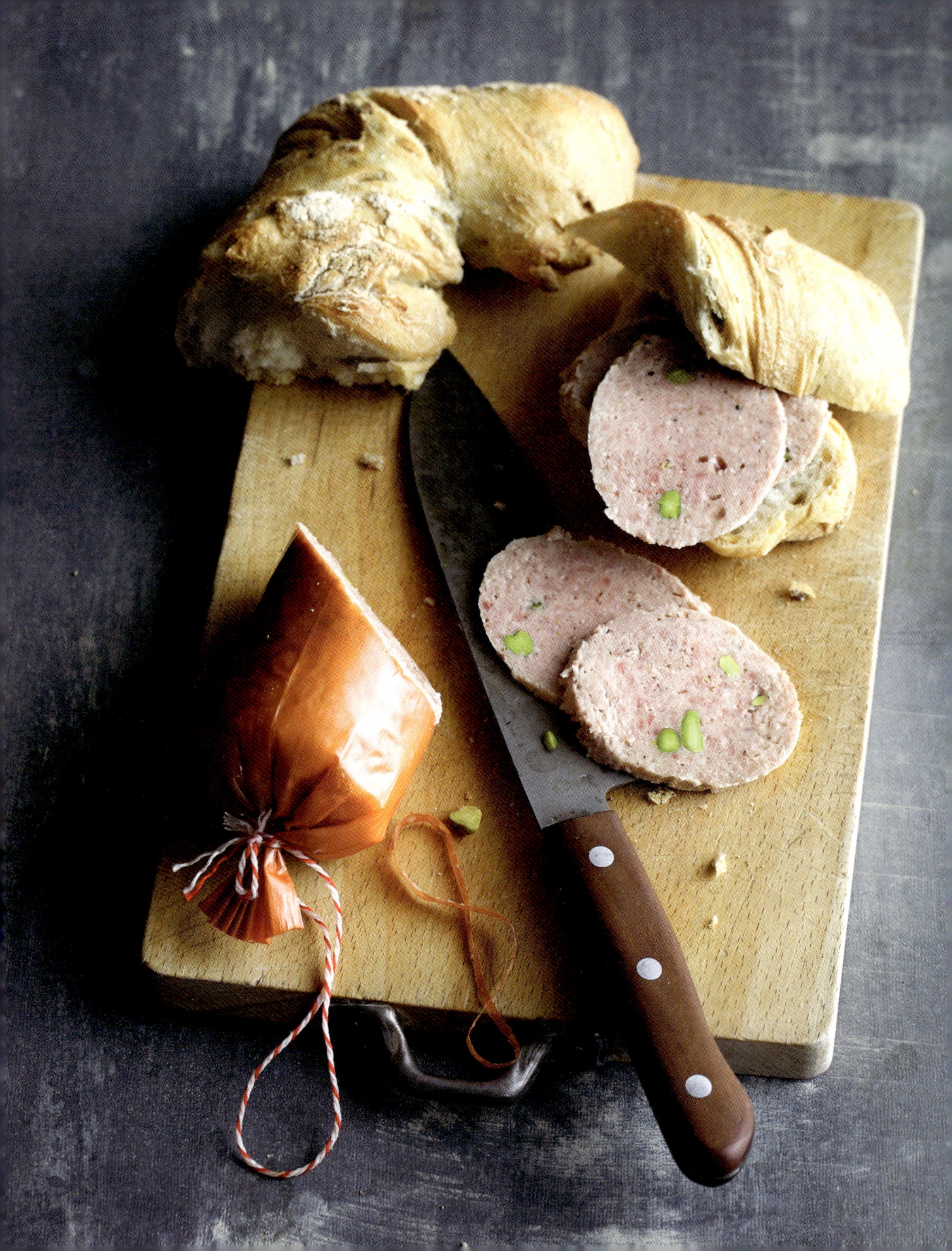

am liebsten täglich | BRÜHWURST

Mortadella

beliebte Frühstückswurst
Vorbereitung: ca. 12 Std. | Zubereitung: ca. 1 Std. | Brühen: 1 Std. 20 Min. |
Haltbarkeit: gekühlt ca. 4 Wochen | Pro Wurst: ca. 1675 kcal

Für 4 Würste

1,2 kg mageres Schweinefleisch (Schulter ohne Schwarte)
300 g mageres Rindfleisch (Schulter)
500 g fetter Schweinerückenspeck (grüner Speck)
30 g Pistazien (geschält und gehäutet)
20 g Salz
6 g gemahlener weißer Pfeffer
2 g gemahlene Muskatblüte
1 g gemahlener Piment
5 g Zucker

Außerdem:

240 g Nitritpökelsalz
4 Naturfaserdärme (75/50)
Wurstgarn

1 Für die Pökellake das Nitritpökelsalz mit 2 l Wasser aufkochen und abkühlen lassen. Schweine- und Rindfleisch von Sehnen und Knorpeln befreien, in ca. 2 cm große Würfel schneiden und 15 Min. in eine Schüssel mit eiskaltem Wasser legen. Das Wasser abgießen, das Fleisch mit der Pökellake übergießen und 10–12 Std. an einem kühlen Ort ruhen lassen.

2 Därme in einer großen Schüssel in lauwarmem Wasser 2 Std. einweichen, dabei mehrfach spülen. Speck in ca. 2 cm große Stücke schneiden und 1 Std. tiefkühlen. Bewegliche Fleischwolfteile kalt stellen. Pistazien grob hacken.

3 Fleisch aus der Pökellake nehmen und trocken tupfen. Fleisch und Speck durch den Fleischwolf (Lochscheibe 2 mm) geben. Fleischmasse in der Küchenmaschine mit dem Knethaken 10 Min. vermengen, dabei Salz, Pfeffer, Muskatblüte, Piment, Zucker und Pistazien dazugeben.

4 Därme abtrocknen und je auf einer Seite mit Wurstgarn zubinden. Fleischmasse mit einem Marmeladentrichter in die Därme füllen, dabei darauf achten, dass keine Luftblasen entstehen. Offene Seiten mit Garn zubinden. Würste in reichlich Wasser 1 Std. 20 Min. bei 75–80° brühen (siehe Seite 19). In eiskaltem Wasser abkühlen lassen und mit Küchenpapier abtrocknen.

Clever gewusst

Pökellake ist nichts anderes als eine Lösung aus Wasser und Salz, in die das Fleisch eingelegt wird – je nach Wurstsorte in unterschiedlicher Konzentration. Die Lake steigert den Salzgehalt des Fleisches bzw. der Wurst und wirkt so konservierend. Zusätzlich erhalten Würste durch das Pökeln auch den gewünschten herzhaften Geschmack. Die Pökellake kann auch getrocknete Gewürze wie **Gewürznelken**, **Lorbeerblätter** oder **Wacholderbeeren** enthalten. Diese müssen dann mit dem Wasser und Salz aufgekocht werden. Das Fleisch oder die Wurst unbedingt in die abgekühlte Pökellake einlegen.

Gelbwurst

milder Kinderliebling | *Vorbereitung: 1 Std.* | *Zubereitung: ca. 1 Std.* |
Brühen: 1 Std. | *Haltbarkeit: gekühlt ca. 2 Wochen* | *Pro Wurst: ca. 755 kcal*

Für 5 Würste

1 kg Schweinefleisch (Schulter ohne Schwarte)
500 g mageres Kalbfleisch (Keule) | 200 g fetter Schweinerückenspeck (grüner Speck)
20 g Salz | 400 g Eisschnee (siehe Seite 55)
abgeriebene Schale von 1 Bio-Zitrone | 2 g Ingwerpulver
2 g gemahlener weißer Pfeffer
2 g gemahlene Muskatblüte
2 g gemahlener Kardamom

Außerdem:

5 Aufschnittdärme (75/50)
Wurstgarn

1 Därme 1 Std. wässern, dabei mehrfach spülen. Schweine- und Kalbfleisch von Sehnen und Knorpeln befreien und mit dem Speck in ca. 2 cm große Würfel schneiden. Fleisch und Speck mit Salz bestreuen und kalt stellen. Bewegliche Fleischwolfteile kalt stellen.

2 Fleischmasse durch den Fleischwolf (Lochscheibe 2 mm) geben, mit dem Eisschnee mischen und nochmals wolfen. In der Küchenmaschine mit dem Knethaken 10 Min. vermengen, dabei Zitronenschale, Ingwer, Pfeffer, Muskatblüte und Kardamom dazugeben.

3 Füllrohr (26 mm) am Fleischwolf oder Wurstfüller befestigen, einen Darm aufziehen und ohne Luftblasen mit Fleischmasse füllen. Mit Garn zubinden. Übrige Därme ebenso füllen. Würste in reichlich Wasser 1 Std. bei 75–80° brühen (siehe Seite 19). In eiskaltem Wasser abkühlen lassen und mit Küchenpapier abtrocknen.

am liebsten täglich | BRÜHWURST

Lyoner

vielseitig verwendbar | *Vorbereitung: 2 Std.* | *Zubereitung: ca. 1 Std.* |
Trocknen: 2 Std. | *Räuchern: 1 Std.* | *Brühen: 1 Std.* | *Haltbarkeit: gekühlt ca. 2 Wochen* | *Pro Wurst: ca. 1455 kcal*

Für 4 Würste

750 g Schweinefleisch (Schulter ohne Schwarte)
400 g Rindfleisch (Schulter)
500 g fetter Schweinerückenspeck (grüner Speck)
400 g Eisschnee | 35 g Salz
6 g gemahlener weißer Pfeffer
2 g gemahlene Muskatblüte
3 g gemahlener Koriander
1 g gemahlener Kardamom
1 g Ingwerpulver | 5 g Zucker

Außerdem:

3 m Rinderkranzdarm (40/43)
Wurstgarn

1 Darm 2 Std. wässern, dabei mehrfach spülen. Schweine- und Rindfleisch von Sehnen und Knorpeln befreien. Fleisch sowie Speck würfeln und wolfen (Lochscheibe 8 mm). 1 Std. tiefkühlen. Mit Eisschnee (siehe Seite 55) und Salz mischen und durch die feine Scheibe (2 mm) wolfen. Mit Pfeffer, Muskatblüte, Koriander, Kardamom, Ingwer und Zucker in der Küchenmaschine 10 Min. vermengen.

2 Darm vierteln, Stücke je auf einer Seite mit Garn zubinden. Füllrohr (26 mm) am Fleischwolf oder Wurstfüller befestigen. Ein Darmstück aufziehen und ohne Luftblasen mit Fleischmasse füllen. Offene Seite zuknoten und Wurst zum Ring binden. Übrige Därme ebenso füllen.

3 Würste hängend bei Raumtemperatur 2 Std. trocknen lassen. Ca. 1 Std. bei 80° heiß räuchern, bis die Kerntemperatur ca. 68° beträgt (siehe Seite 17). Würste 1 Std. bei 75–80° brühen. Abkühlen lassen und abtrocknen (siehe Seite 19).

Süßer Senf

klassisch zu Weißwurst

Für ca. 4 Gläser (à 200 ml) | **2 Wacholderbeeren** und **1 Knoblauchzehe** mit dem Messer andrücken. Mit **100 ml Essigessenz, 1 EL Roh-Rohrzucker, 1 EL Salz, 1 Lorbeerblatt, 2 Gewürznelken, 5 Pimentkörnern, 1 getrockneten Chilischote** und **600 ml Wasser** in einem Topf aufkochen, dann 3 Std. zugedeckt an einem kühlen Ort ziehen lassen. **Je 125 g gelbes** und **grünes Senfmehl** mit **250 g Roh-Rohrzucker** in einer Schüssel mischen. Den abgekühlten Essigsud durch ein feines Sieb dazugießen und alles gründlich zu einer Paste verrühren. Den süßen Senf in saubere Gläser füllen, fest verschließen und mind. 2 Wochen ruhen lassen. Achtung: Der süße Senf ist in den ersten 6 Wochen noch ziemlich scharf! Gekühlt ca. 3 Monate haltbar.

Kräutersenf

fein zu grober Bratwurst

Für ca. 4 Gläser (à 200 ml) | **3 Wacholderbeeren** und **1 Knoblauchzehe** mit dem Messer andrücken. Mit **150 ml Apfelessig, 1 EL Roh-Rohrzucker, 2 TL Salz, 1 Lorbeerblatt, 1 Gewürznelke** und **250 ml Wasser** in einem Topf aufkochen, dann 2 Std. zugedeckt an einem kühlen Ort ziehen lassen. **Je 1 Bund Petersilie** und **Kerbel** sowie **3 Zweige Estragon** waschen und trocken schütteln. Die Blätter abzupfen und sehr fein hacken. **250 g gelbes Senfmehl** und **50 g Roh-Rohrzucker** in einer Schüssel mischen. Den abgekühlten Essigsud durch ein Sieb dazugießen und alles gründlich zu einer glatten Paste verrühren. Die gehackten Kräuter unterrühren. Senf in saubere Gläser füllen, fest verschließen und mind. 1 Woche ruhen lassen. Gekühlt ca. 6 Monate haltbar.

4 × Senf dazugeben | **BRÜHWURST**

Scharfer Senf

scharf zu Wiener Würstchen

Für ca. 4 Gläser (à 200 ml) | **3 Wacholderbeeren** mit dem Messer andrücken, **1 Zwiebel** schälen und vierteln. Beides zusammen mit **100 ml Weißweinessig, 2 TL Salz, 1 Lorbeerblatt, 1 Gewürznelke** und **300 ml Wasser** in einem Topf aufkochen, dann 1 Std. zugedeckt an einem kühlen Ort ziehen lassen. **150 g gelbes Senfmehl** und **100 g braunes Senfmehl**, **25 g Roh-Rohrzucker** und **3 g gemahlenen Piment** in einer Schüssel mischen. Den abgekühlten Essigsud durch ein feines Sieb zur Senfmehlmischung gießen und alle Zutaten zu einer glatten Paste verrühren. Den Senf mind. 6 Std., am besten über Nacht, offen in einem kühlen Raum stehen lassen. Dann in saubere Gläser füllen und fest verschließen. Gekühlt ca. 6 Monate haltbar.

Grober Senf

lecker zu Leberwurstbrot

Für ca. 4 Gläser à 200 ml | **150 g gelbe** und **100 g braune Senfkörner** 2 Std. tiefkühlen. **3 Wacholderbeeren** mit dem Messer andrücken. Mit **je 200 ml Weißweinessig** und **Weißwein, 1 TL Salz, 1 Lorbeerblatt, 1 Gewürznelke** und **100 g Roh-Rohrzucker** in einem Topf aufkochen, dann 1 Std. zugedeckt an einem kühlen Ort ziehen lassen. Senfkörner in einem Mörser mittelfein zerreiben, mit **25 g gelbem Senfmehl** und **2 g gemahlenem Piment** in einer Schüssel mischen. Den Essigsud durch ein feines Sieb dazugießen, alles gut verrühren. Mind. 8 Std., am besten über Nacht, offen stehen lassen. Durchrühren und mit Weißwein bis zur gewünschten Konsistenz verdünnen. In saubere Gläser füllen und fest verschließen. Gekühlt ca. 6 Monate haltbar.

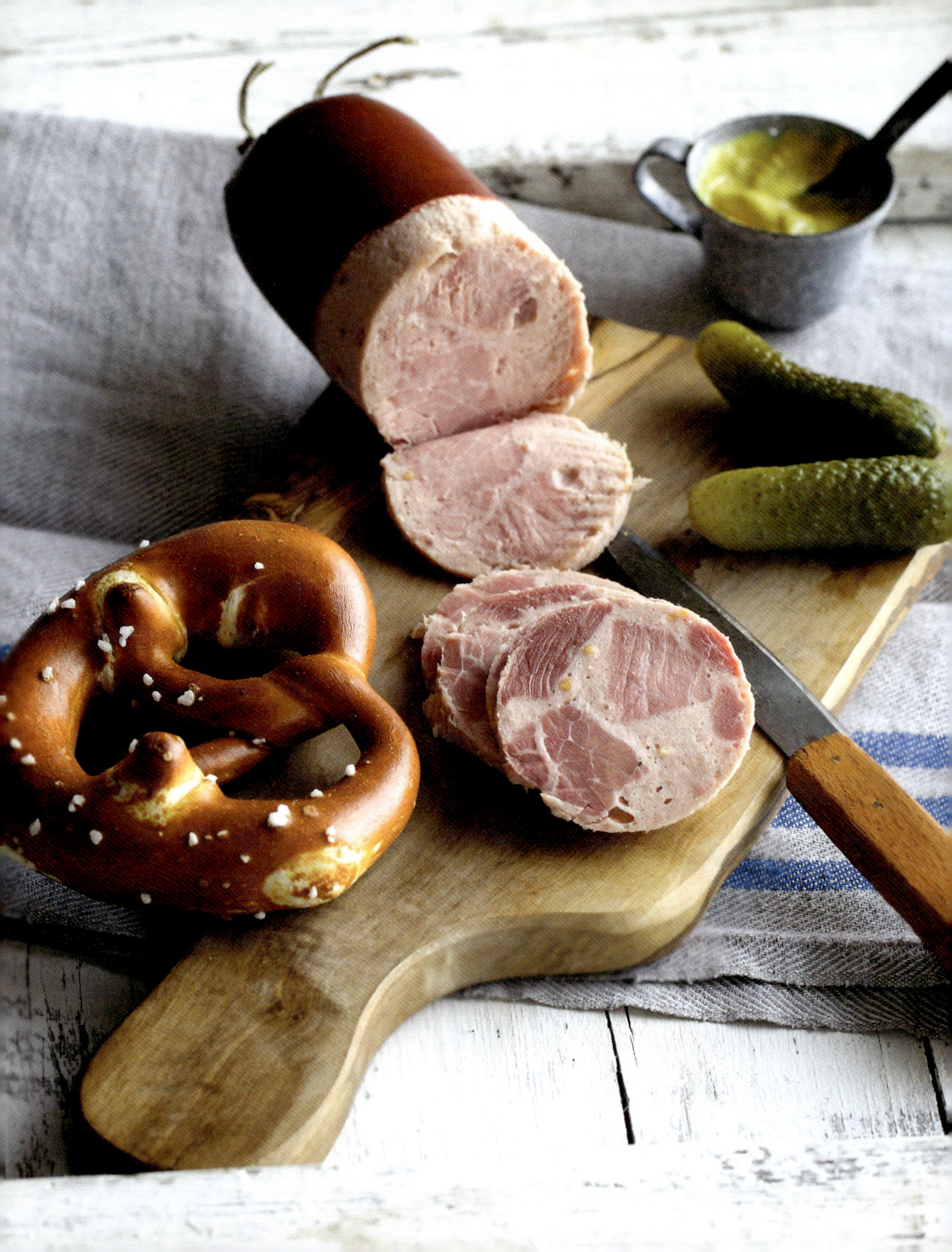

mit Einlage | BRÜHWURST

Bierschinken

klassisch zur Brotzeit

Vorbereitung: 8 Std. | Zubereitung: ca. 1 Std. 15 Min. | Brühen: 45 Min. | Ruhen: 24 Std. | Haltbarkeit: ca. 4 Wochen | Pro Wurst: ca. 620 kcal

Für 6 Würste

1,4 kg mageres Schweinefleisch (Schulter mit Schwarte)
20 g Nitritpökelsalz (siehe Seite 59)
400 g fetter Schweinebauch (mit Schwarte)
200 g mageres Rindfleisch (Oberschale)
1 Knoblauchzehe | 20 g Salz
300 ml Gemüsebrühe
4 g Zucker
je 2 g gemahlener schwarzer Pfeffer und frisch geriebene Muskatnuss
2 g gemahlener Koriander
1 g Ingwerpulver

Außerdem:

2,5 m Naturfaserdarm (40/45)
Wurstgarn

1 Etwa 500 g mageres Schweinefleisch in 2 cm große Würfel schneiden, mit Pökelsalz mischen und 8 Std. kalt stellen. Restliches mageres Schweinefleisch, Schweinebauch und Rindfleisch von Sehnen und Knorpeln befreien, in ca. 2 cm große Würfel schneiden und ebenso kalt stellen. Bewegliche Fleischwolfteile kalt stellen. Darm in lauwarmem Wasser 2 Std. einweichen.

2 Knoblauch schälen, fein hacken und mit dem ungepökelten Fleisch zweimal durch den Fleischwolf (Lochscheibe 2 mm) geben. Mit Salz und Brühe in der Küchenmaschine gut vermengen, bis die Masse leicht zu kleben beginnt. Gepökeltes Fleisch trocken tupfen und mit Wurstbrät, Zucker, Pfeffer, Muskatnuss, Koriander und Ingwer verkneten.

3 Darm in 6 Stücke schneiden, diese je auf einer Seite mit Wurstgarn zubinden. Fleischmasse mit einem Trichter in die Därme füllen, dabei darauf achten, dass keine Luftblasen entstehen. Die offenen Seiten zubinden.

4 In einem Topf Wasser erhitzen, Würste darin 45 Min. bei 80–85° brühen (siehe Seite 19). In eiskaltem Wasser abkühlen lassen, abtrocknen und 24 Std. ruhen lassen.

Variante: Hallauer Schinkenwurst

Für 6 Würste | **500 g mageres Schweinefleisch** 2 cm groß würfeln, mit **10 g Nitritpökelsalz** gemischt 10 Std. kalt stellen. **6 Kochsalamidärme** 30 Min. wässern. **900 g mageres** und **400 g fettes Schweinefleisch** sowie **200 g mageres Rindfleisch** würfeln, kalt stellen. Das ungepökelte Fleisch mit **30 g Salz** wolfen (Lochscheibe 2 mm). Mit **4 g Zucker, 3 g gemahlenem schwarzem Pfeffer, 2 g geriebener Muskatnuss** und **3 g gemahlenem Kümmel** verkneten. Gepökeltes Fleisch trocken tupfen und unterkneten. Die Därme an einem Ende mit Garn zubinden. Die Fleischmasse mit einem Trichter fest einfüllen. Die Würste zubinden. Dann 2 Std. bei Raumtemperatur trocknen lassen, 1 Std. bei 60° heiß räuchern und 1 Std. bei 75–80° brühen. Würste abkühlen lassen und mit Küchenpapier abtrocknen.

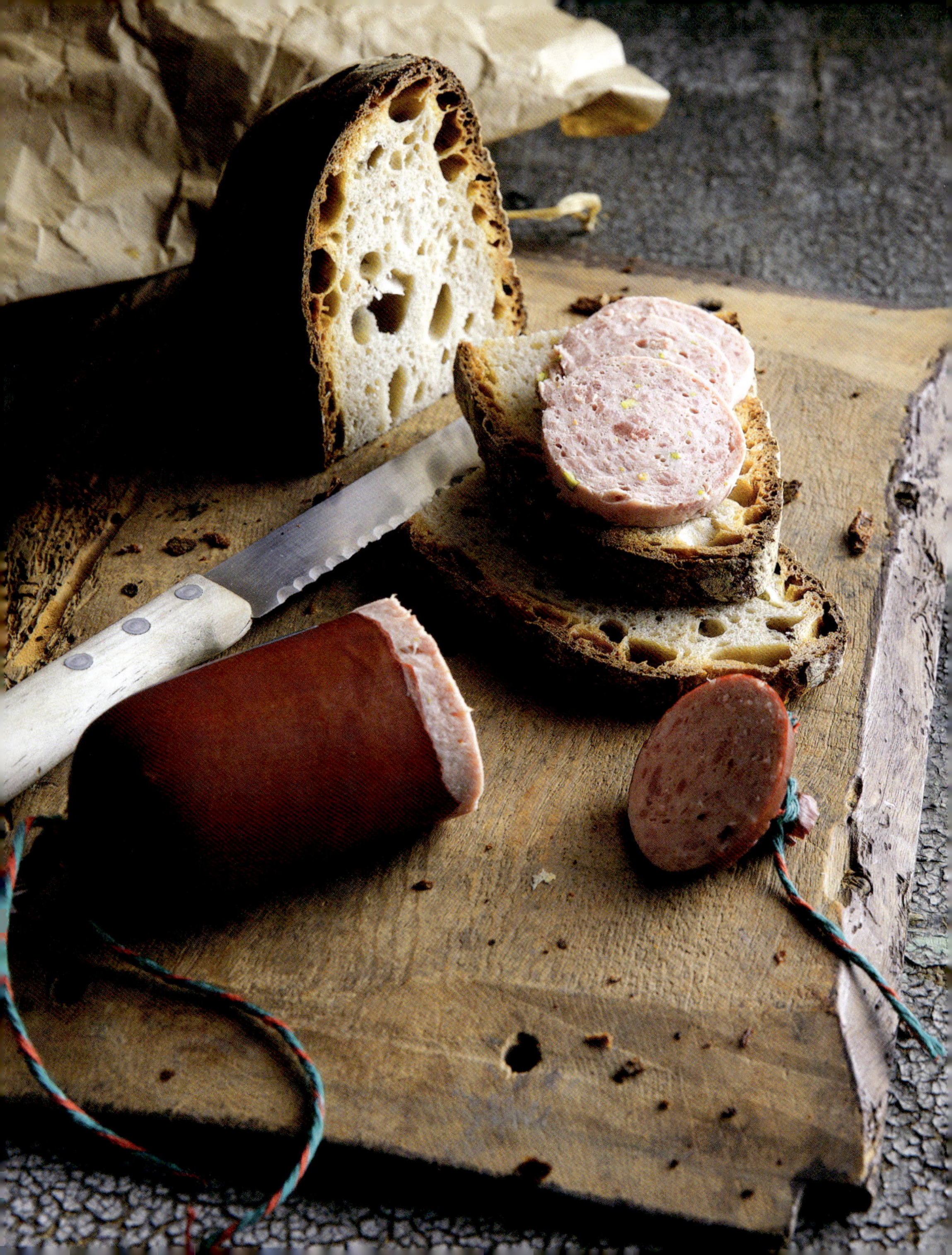

mit Einlage | BRÜHWURST

Jagdwurst

richtig schön deftig

Vorbereitung: 2 Std. | Zubereitung: ca. 1 Std. | Brühen: 1 Std. 30 Min. | Ruhen: 24 Std. | Haltbarkeit: ca. 8 Wochen | Pro Wurst: ca. 690 kcal

Für 5 Würste

1 kg Schweinebauch (ohne Schwarte)
500 g mageres Schweinefleisch (Schulter ohne Schwarte)
500 g Rindfleisch (Schulter oder Hohe Rippe)
35 g Salz
5 g Zucker
5 g gelbe Senfkörner
4 g gemahlener weißer Pfeffer
3 g edelsüßes Paprikapulver
4 g gemahlene Muskatblüte
4 g gemahlener Koriander
2 g gemahlener Piment
1 g Ingwerpulver
20 g gehackte Pistazien

Außerdem:

2 m Naturfaserdarm (80/85)
Wurstgarn

1 Den Darm in einer großen Schüssel in lauwarmem Wasser 2 Std. einweichen. Schweinebauch sowie -schulter und Rindfleisch sorgfältig von Sehnen und Knorpeln befreien und in ca. 2 cm große Würfel schneiden. Schweineschulter und Rindfleisch in eine Schüssel geben, mit der Hälfte des Salzes bestreuen und kalt stellen. Schweinebauch mit dem restlichen Salz bestreuen und durch den Fleischwolf (Lochscheibe 2 mm) geben.

2 Rindfleisch und Schweineschulter durch den Fleischwolf (Lochscheibe 8 mm) geben und mit der Schweinebauchmasse in der Küchenmaschine mit dem Knethaken 10 Min. vermengen. Dabei Zucker, Senfkörner, Pfeffer, Paprika, Muskatblüte, Koriander, Piment, Ingwer und die gehackten Pistazien unterkneten.

3 Den Darm in 5 Stücke schneiden, die Stücke jeweils auf einer Seite mit Wurstgarn zubinden. Füllrohr (26 mm) am Fleischwolf oder Wurstfüller befestigen, ein Darmstück aufziehen und ohne Luftblasen mit Fleischmasse füllen. Mit Wurstgarn zubinden. Übrige Därme ebenso füllen.

4 In einem großen Topf Wasser aufkochen. Dann die Hitze reduzieren und die Würste 1 Std. 30 Min. bei 95° brühen (siehe Seite 19). In eiskaltem Wasser abkühlen lassen, mit Küchenpapier abtrocknen und 24 Std. ruhen lassen.

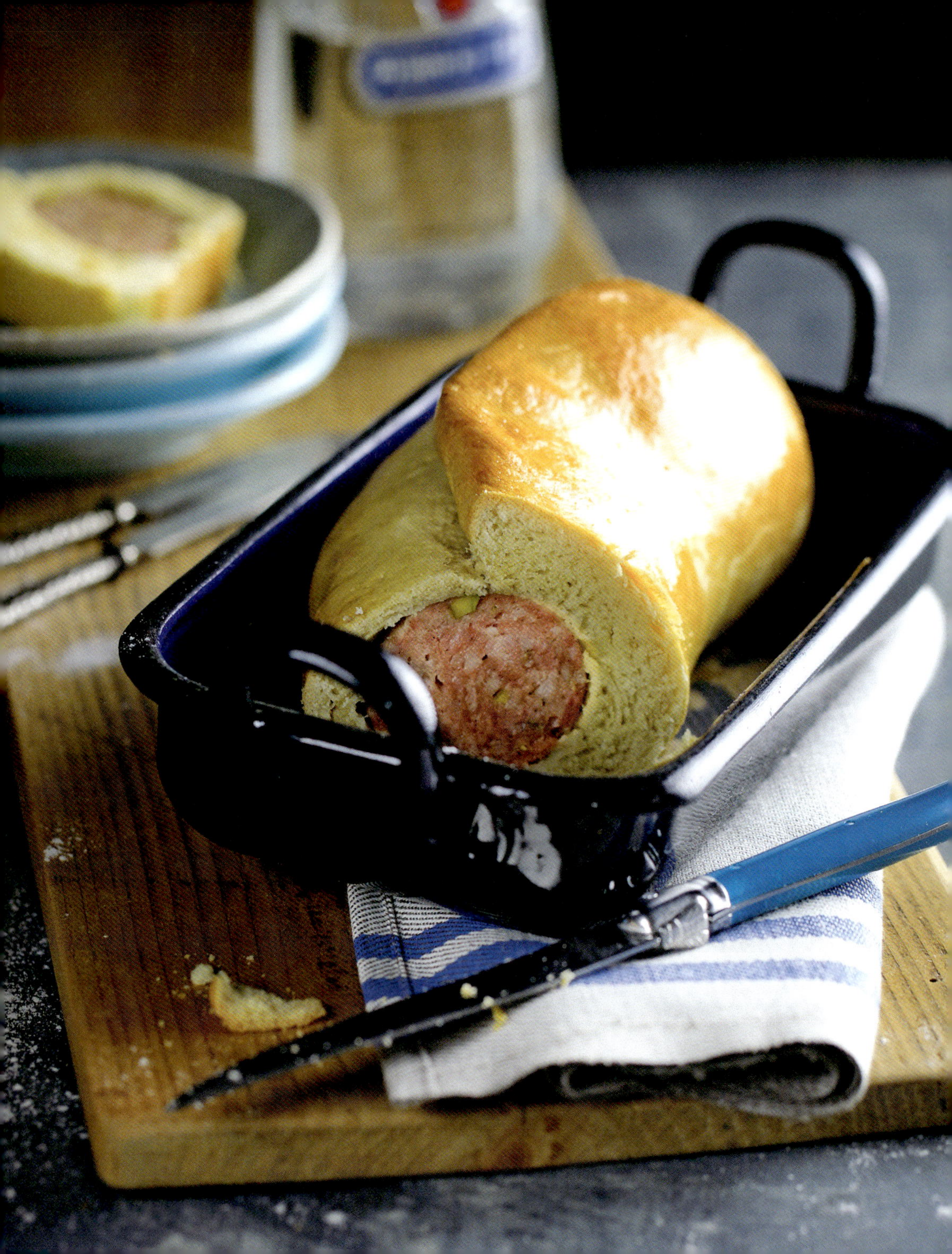

Ländersache | BRÜHWURST

Cervelas de Lyon

schmeckt kalt und warm

Vorbereitung: 26 Std. | Zubereitung: ca. 1 Std. | Trocknen: 12 Std. | Brühen: 1 Std. |
Haltbarkeit: gekühlt ca. 4 Wochen | Pro Wurst: 1600 kcal

Für 4 Würste

500 g fetter Schweinerückenspeck (grüner Speck)
1,5 kg Schweinefleisch (Nacken)
45 g Salz
6 g gemahlener schwarzer Pfeffer
10 g Zucker
20 g gehackte Pistazien

Außerdem:

2,5 m Rindermitteldarm (55/60)
Wurstgarn

1. Den Schweinespeck in ca. 2 cm große Würfel schneiden und 2 Std. tiefkühlen. Das Schweinenackenfleisch sorgfältig von Sehnen und Knorpeln befreien, in 2 cm große Würfel schneiden und 1 Std. tiefkühlen.

2. Fleisch und Speck mit Salz, Pfeffer sowie Zucker bestreuen, durch den Fleischwolf (Lochscheibe 8 mm) geben und in eine große Schüssel füllen. Die Pistazien darauf verteilen und alles mit kalten Fingern locker durchmischen. Fleischmasse mit Frischhaltefolie bedeckt 24 Std. kühl stellen.

3. Den Darm in lauwarmem Wasser 2 Std. einweichen, dabei mehrfach spülen. Bewegliche Fleischwolfteile kalt stellen. Den Darm in 4 gleich große Stücke teilen, diese jeweils auf einer Seite mit Wurstgarn zubinden.

4. Das Füllrohr (26 mm) am Fleischwolf oder Wurstfüller befestigen, ein Darmstück aufziehen und ohne Luftblasen füllen. Offene Seite mit Garn zubinden. Übrige Darmstücke ebenso füllen. Würste bei Zimmertemperatur mind. 12 Std. trocknen lassen. In einem großen Topf Wasser aufkochen, Hitze reduzieren und Würste 1 Std. bei 75–80° brühen (siehe Seite 19). Sofort essen oder in kaltem Wasser abkühlen.

Clever serviert: Cervelas in Brioche-Teig

Für 4 Portionen | **4 g frische Hefe** in **3 EL lauwarmem Wasser** auflösen. **125 g Mehl, 1 EL Zucker** und **½ TL Salz** in einer Schüssel mischen. **1 Ei** unterarbeiten. Hefemischung sowie **70 g weiche Butter** dazugeben und alles zu einem glatten Teig verkneten. Zugedeckt mit einem feuchten Tuch an einem warmen Platz 2 Std. gehen lassen. Backofen auf 220° vorheizen. Von **1 Cervelas de Lyon** den Darm vorsichtig aufschlitzen und entfernen. Eine längliche Auflaufform mit Butter ausfetten. Den Teig rechteckig ausrollen und die Cervelas darin einwickeln. In die Form legen und mit **1 Eigelb** bestreichen. Im Ofen (Mitte) ca. 20 Min. backen. Sobald der Teig knusprig braun ist, den Ofen ausschalten und die Brioche bei geöffneter Ofentür ca. 5 Minuten abkühlen lassen. Aus der Form nehmen und in Scheiben schneiden.

Schwedische Fleischwurst

auch ganz pur ein Genuss | Vorbereitung: 2 Std. | Zubereitung: ca. 1 Std. 30 Min. |
Trocknen: mind. 3 Std. | Räuchern: 2 Std. | Haltbarkeit: gekühlt ca. 3 Wochen | Pro Wurst: ca. 675 kcal

Für 6 Würste

1 kg Rindfleisch (Hohe Rippe)
300 g Schweinefleisch (Nacken)
300 g fetter Schweinerückenspeck (grüner Speck)
2 Zwiebeln | 1 TL Butter
45 g Salz | 500 g Eisschnee
8 g gemahlener weißer Pfeffer
2 g gemahlene Muskatblüte
3 g Zucker | 1 g gemahlene Gewürznelken | 4 g Ingwerpulver | 4 g gelbes Senfmehl

Außerdem:

3 m Rindermitteldarm (55/60)
Wurstgarn

1 Darm 2 Std. wässern, dabei mehrfach spülen. Rind- und Schweinefleisch von Sehnen und Knorpeln befreien. Fleisch sowie Speck würfeln, 1 Std. tiefkühlen. Zwiebeln schälen, klein würfeln, in Butter andünsten und abkühlen lassen.

2 Fleisch, Speck und Zwiebeln wolfen (Lochscheibe 4,5 mm), 15 Min. tiefkühlen. Mit Salz und Eisschnee (siehe Seite 55) mischen und durch die feine Scheibe (2 mm) wolfen. In der Küchenmaschine mit Pfeffer, Muskatblüte, Zucker, Nelken, Ingwer und Senfmehl 10 Min. verkneten.

3 Darm in 6 Stücke schneiden und je auf einer Seite mit Garn zubinden. Füllrohr (26 mm) am Fleischwolf oder Wurstfüller befestigen. Ein Darmstück aufziehen und fest mit Fleischmasse füllen. Mit Garn zubinden, dabei eine Schlinge bilden. Übrige Därme ebenso füllen. Hängend bei Raumtemperatur mind. 3 Std. trocknen lassen. Ca. 4 Std. bei 85° heiß räuchern, bis eine Kerntemperatur von 68° erreicht ist (siehe Seite 17).

Niederländische Rauchwurst

schmeckt kalt und warm | *Vorbereitung: 2 Std.* | *Zubereitung: ca. 1 Std.* |
Trocknen: mind. 3 Std. | *Räuchern: 1 Std.* | *Brühen: 1 Std.* | *Haltbarkeit: gekühlt ca. 4 Wochen* | *Pro Wurst: ca. 860 kcal*

Für 5 Würste

1 kg Schweinefleisch (Nacken)
300 g Rindfleisch (Hohe Rippe)
300 g fetter Schweinerückenspeck (grüner Speck)
2 Zwiebeln | 1 TL Butter
40 g Salz
500 g Eisschnee (siehe Seite 55)
6 g gemahlener weißer Pfeffer
2 g gemahlene Muskatblüte
2 g gemahlene Gewürznelken
4 g Ingwerpulver | 3 g Zucker

Außerdem:

4 m Rinderkranzdarm (37/40)
Wurstgarn

1 Darm 2 Std. wässern, dabei mehrfach spülen. Schweine- und Rindfleisch von Sehnen und Knorpeln befreien. Fleisch und Speck würfeln, 1 Std. tiefkühlen. Zwiebeln schälen, klein würfeln, in Butter andünsten und abkühlen lassen.

2 Fleisch, Speck und Zwiebeln wolfen (Lochscheibe 2 mm) und 15 Min. tiefkühlen. Mit Salz und Eisschnee gemischt erneut wolfen. Mit Pfeffer, Muskatblüte, Nelken, Ingwer und Zucker in der Küchenmaschine 10 Min. verkneten. Darm in 5 Stücke schneiden, je auf einer Seite mit Wurstgarn zubinden. Füllrohr (26 mm) am Fleischwolf oder Wurstfüller befestigen. Ein Darmstück aufziehen, fest mit Fleischmasse füllen, zum Ring formen und mit Garn zubinden.

3 Würste hängend bei Raumtemperatur mind. 3 Std. trocknen. Ca. 1 Std. bei 85° räuchern, bis die Kerntemperatur 68° beträgt (siehe Seite 17). 1 Std. bei 75–80° brühen, in kaltem Wasser abkühlen lassen (siehe Seite 19). Abtrocknen.

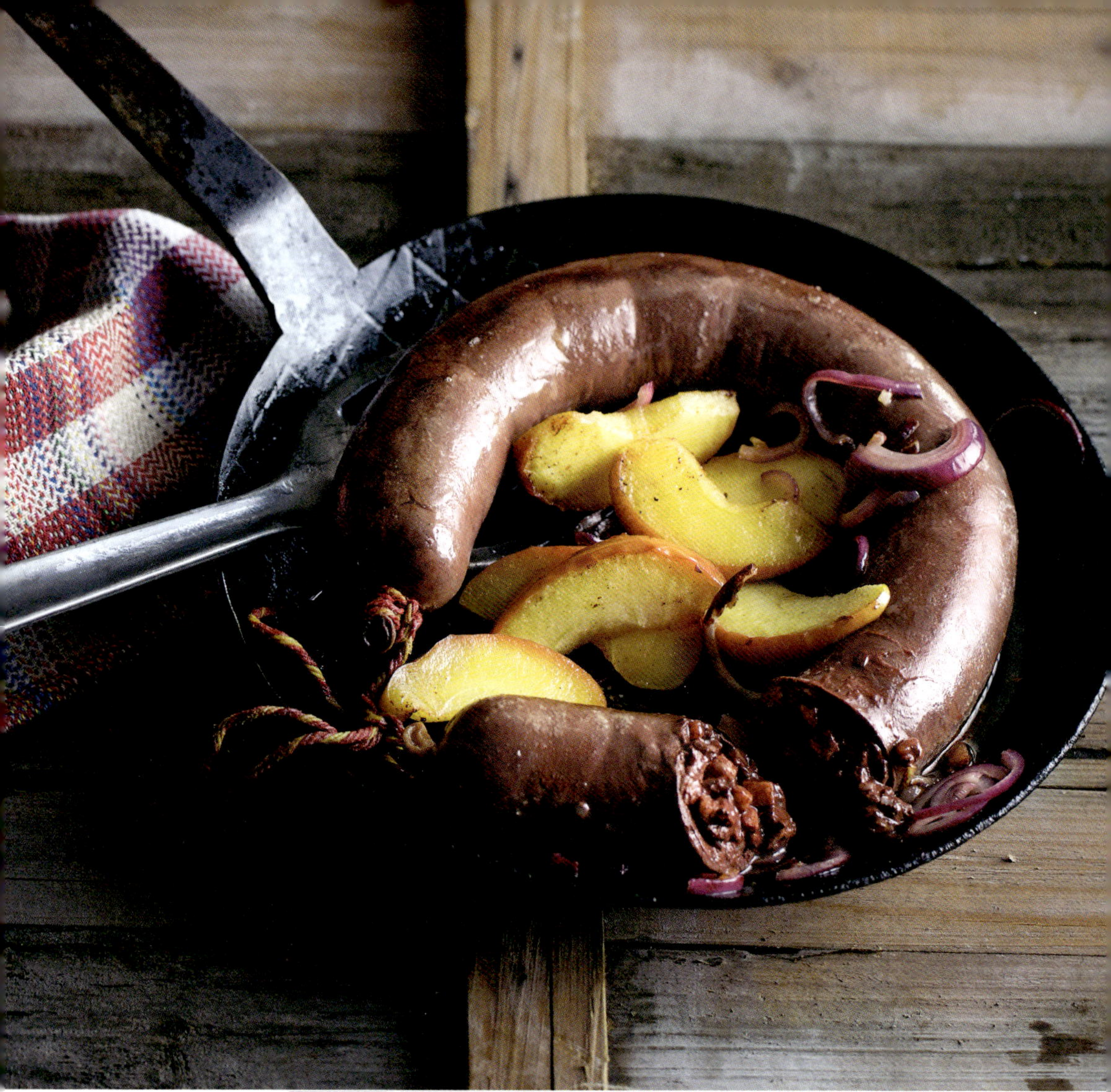

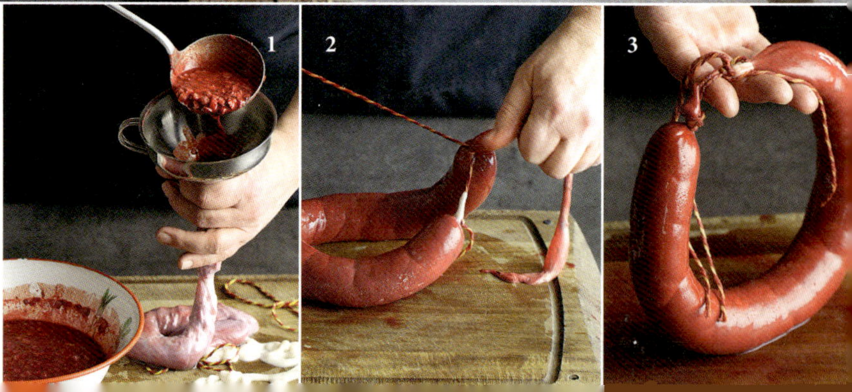
1
2
3

Ländersache | BRÜHWURST

Französische Blutwurst

mit fruchtiger Einlage

Vorbereitung: 2 Std. | Zubereitung: ca. 1 Std. 30 Min. | Brühen: 30 Min. | Haltbarkeit: gekühlt ca. 2 Wochen | Pro Wurst: ca. 850 kcal

Für 4 Würste

300 g fetter Schweinerückenspeck (grüner Speck)
3 rote Zwiebeln (ca. 120 g)
2 TL Butter
2 säuerliche Äpfel
15 ml Calvados (franz. Apfelbrand)
125 g Sahne
1 Ei
500 ml Schweineblut (beim Metzger vorbestellen)
10 g Salz
2 g gemahlener weißer Pfeffer
2 g gerebelter Thymian
2 g Quatre Épices (franz. Gewürzmischung)

Außerdem:

3 m Rinderkranzdarm (37/40)
Wurstgarn

Clever gewusst

Schweineblut erhalten Sie beim Metzger nur auf Vorbestellung, meist tiefgekühlt. Wichtig: Die Haltbarkeit von Blutwurst ist sehr gering – Sie sollten die Wurst innerhalb von 1 Woche verbrauchen. Tiefgefroren hält sie sich aber bis zu 2 Monate.

1. Den Darm 2 Std. in lauwarmem Wasser einweichen, dabei mehrfach spülen. In 4 Stücke schneiden und im Wasser liegen lassen. Speck 1 Std. tiefkühlen, dann in ca. 5 mm große Würfel schneiden und in leicht köchelndem Wasser 20 Min. blanchieren. In einem Sieb abtropfen lassen und beiseitestellen. Zwiebeln schälen, klein würfeln und in einer Pfanne in 1 TL Butter glasig dünsten. Pfanne vom Herd ziehen und die Speckwürfel untermischen. Die Masse abkühlen lassen, dann in eine Schüssel umfüllen.

2. Äpfel waschen, vierteln, entkernen und klein würfeln. In einer beschichteten Pfanne in der restlichen Butter andünsten. Calvados dazugeben und bei mittlerer Hitze verdampfen lassen. Äpfel mit der Speckmischung vermengen und kalt stellen. Sahne und Ei in einer großen Schüssel verquirlen. Schweineblut durch ein feines Sieb dazugießen. Salz, Pfeffer, Thymian und Quatre Épices unterrühren. Apfelmischung unterziehen.

3. Die Darmstücke jeweils auf einer Seite mit Wurstgarn zubinden. Ein Darmstück über einen Marmeladentrichter stülpen und mithilfe einer Schöpfkelle ein Viertel der Wurstmasse einfüllen (**Bild 1**). Dabei darauf achten, dass auch die festen Teile in den Darm gelangen. Mit Wurstgarn zubinden und zum Ring formen (**Bild 2**), die Enden zusammenknoten (**Bild 3**). Übrige Darmstücke ebenso füllen.

4. In einem großen Topf Wasser erhitzen und die Würste darin 30 Min. bei 75–80° brühen (siehe Seite 19). Herausnehmen, in kaltem Wasser abkühlen lassen und mit Küchenpapier abtrocknen.

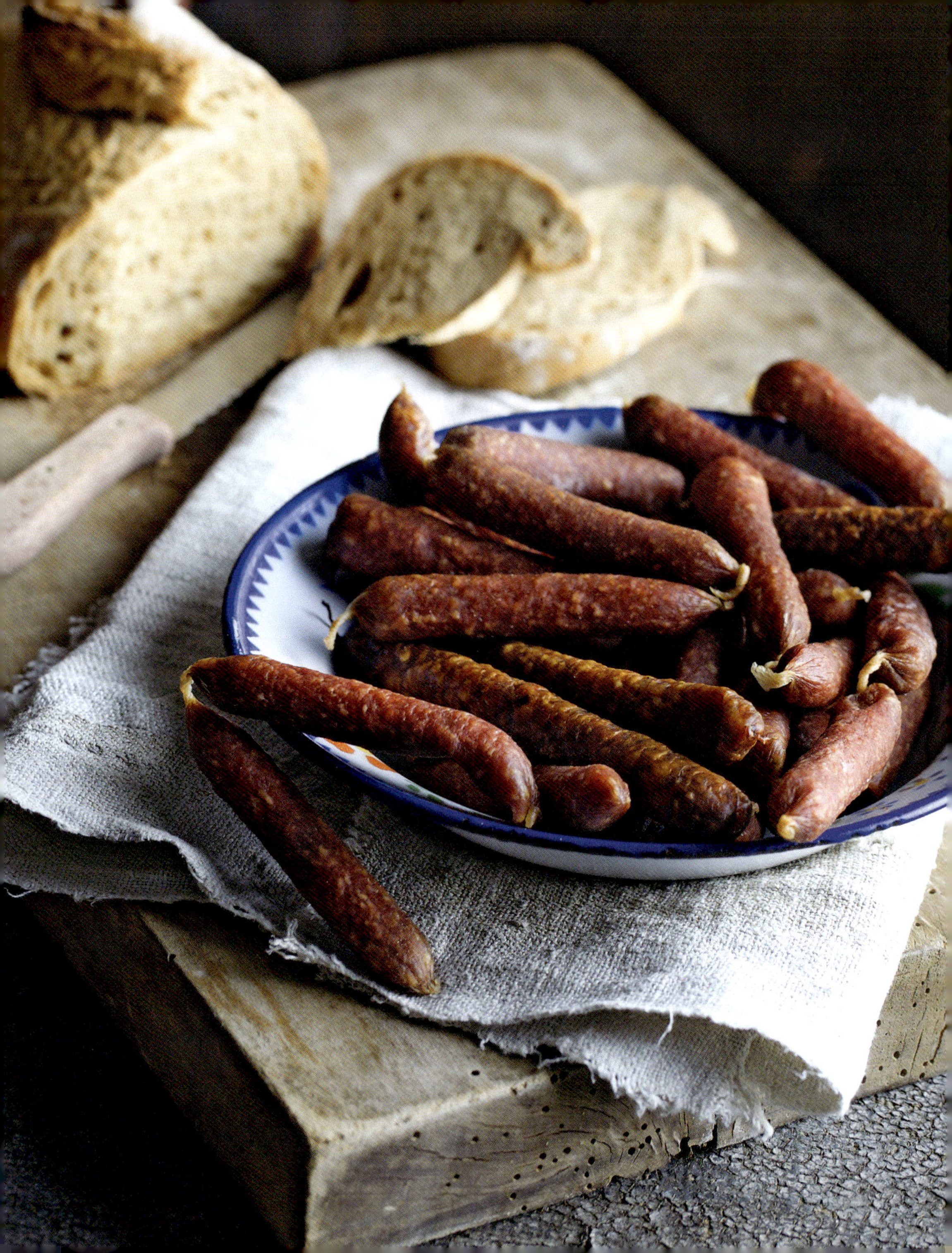

ROHWURST – OPTIMAL FÜR DEN VORRAT

Wirklich roh sind Rohwürste fast nie, denn meist werden sie für lange Haltbarkeit geräuchert oder getrocknet. Der schöne Nebeneffekt des Räucherns: Die Würste bekommen ein unverwechselbares Aroma – so schmeckt uns dann eine kräftig geräucherte Rauchpeitsche oder ein mildwürziger Bauernseufzer beim Picknick genauso gut wie zur Brotzeit daheim.

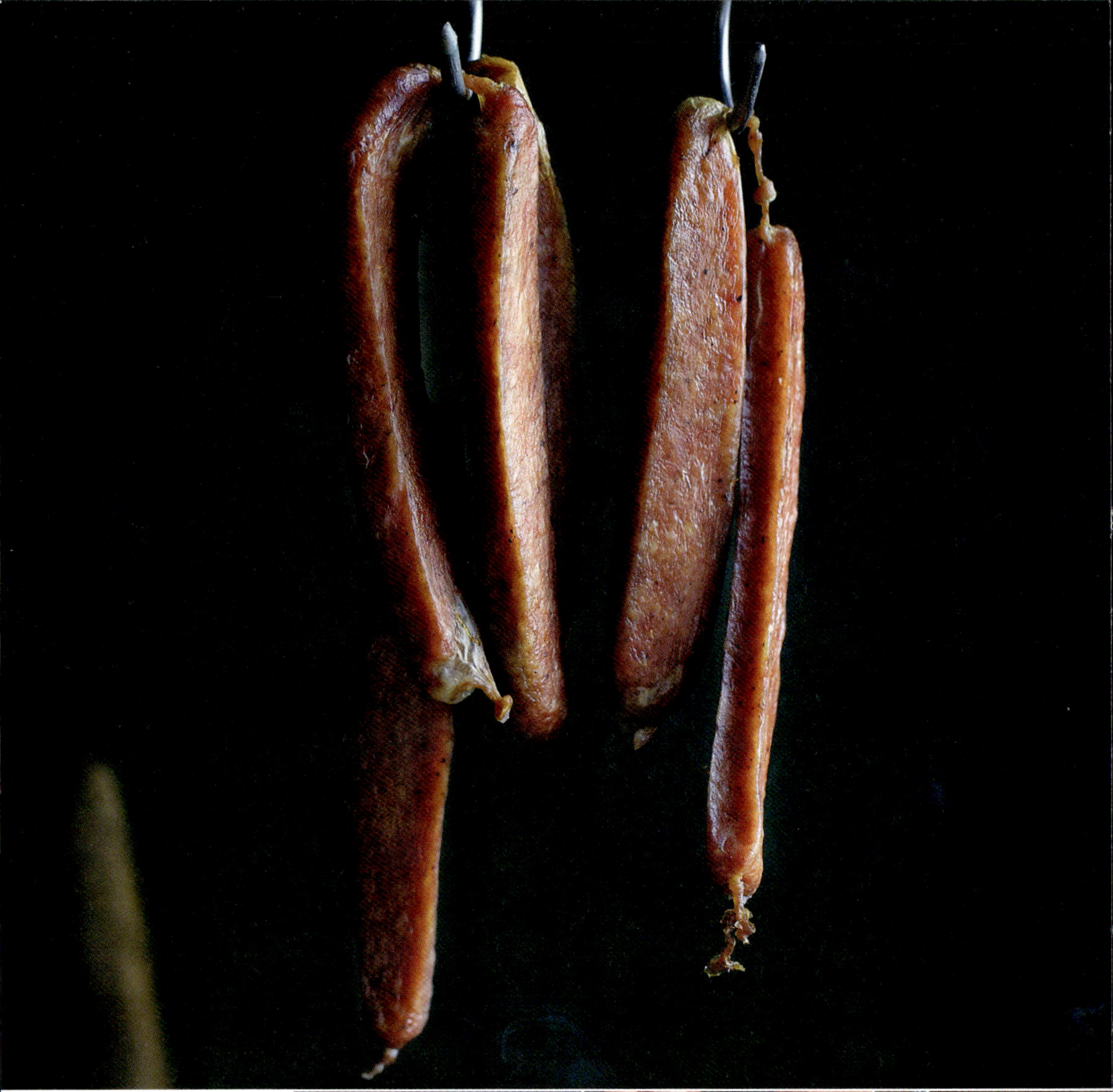

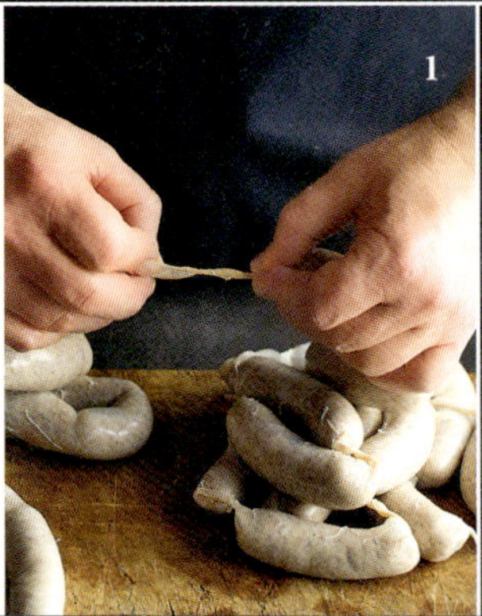
1

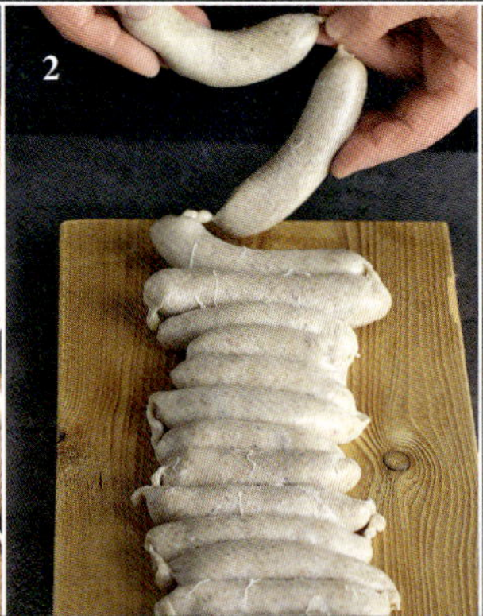
2

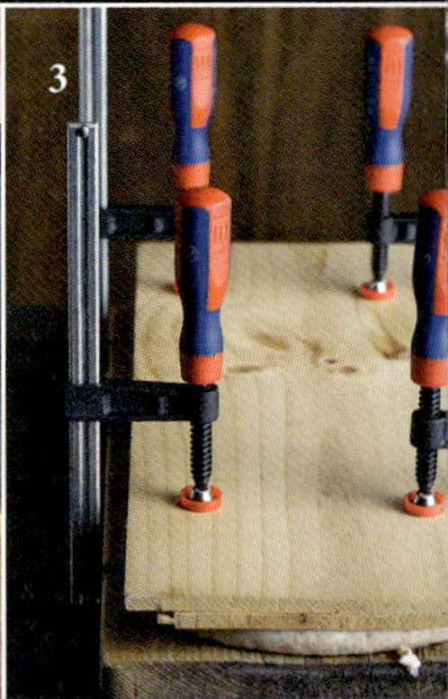
3

auf die Hand | ROHWURST

Landjäger

zum Abbeißen zünftig

Vorbereitung: 4 Std. | Zubereitung: ca. 1 Std. | Kühlen: 6 Tage | Trocknen: 24 Std. | Räuchern: 2 Tage |
Reifen: ca. 1 Woche | Haltbarkeit: ca. 4 Monate | Pro Wurst: ca. 335 kcal

Für ca. 18 Würste

500 g fetter Schweinerückenspeck (grüner Speck)
1 kg Schweinefleisch (Nacken)
500 g Rindfleisch (Hohe Rippe)
3 g gemahlener schwarzer Pfeffer
4 g gelbes Senfmehl
3 g gemahlener Koriander
2 g gemahlener Kümmel
3 g Traubenzucker
40 g Nitritpökelsalz

Außerdem:

5 m Schweinedarm (26/28)
Starterkultur für schnittfeste Rohwurst (siehe Clever gewusst)
2 große Holzbretter
4 Schraubzwingen

1 Speck in ca. 2 cm große Stücke schneiden und 4 Std. tiefkühlen. Darm 2 Std. wässern, dabei mehrfach spülen. Schweine- und Rindfleisch von Sehnen und Knorpeln befreien, in ca. 2 cm große Würfel schneiden und 1 Std. tiefkühlen. Starterkultur nach Packungsanleitung ansetzen.

2 Fleisch mit Starterkultur, Pfeffer, Senfmehl, Koriander, Kümmel und Traubenzucker durch den Fleischwolf (Lochscheibe 2 mm) geben. Pökelsalz mit den Händen untermischen. Nochmals wolfen.

3 Füllrohr (26 mm) am Fleischwolf oder Wurstfüller befestigen und Wurstmasse bis zum Ende pressen. Darm aufziehen. Fleischmasse nicht zu fest einfüllen und die Würste mit den Fingern abklemmen, dabei das Brät verdichten und zwischen den Würsten 2–3 cm Platz lassen (**Bild 1**).

4 Wurstkette im Zickzack ganz eng auf ein Holzbrett legen und mit dem zweiten Brett bedecken (**Bild 2**). Mit Schraubzwingen fixieren, dabei die Würste zwar pressen, jedoch nicht quetschen (**Bild 3**). Würste 6 Tage bei 4° kalt stellen. Schraubzwingen und Holzbretter entfernen. Würste hängend bei Raumtemperatur mind. 24 Std. trocknen lassen. Dann 2 Tage bei 20–25° kalt räuchern (siehe Seite 17). Bis zur gewünschten Festigkeit ca. 1 Woche reifen lassen.

Clever gewusst

Es sind verschiedene Arten von **Starterkulturen** erhältlich. Halten Sie sich deshalb genau an die Packungsanleitung. Wichtig: Nur abgekochtes Wasser verwenden und den Ansatz vor allem auf die mageren Fleischteile geben.

Pfefferbeißer

pfeffriger geht's kaum | Vorbereitung: 4 Std. | Zubereitung: ca. 1 Std. |
Trocknen: 24 Std. | Reifen: ca. 2 Wochen | Räuchern: 1–2 Tage | Haltbarkeit: ca. 2 Monate | Pro Wurst: ca. 200 kcal

Für ca. 24 Würste

- 250 g fetter Schweinerückenspeck (grüner Speck)
- 1,75 kg Schweinefleisch (Nacken)
- 3 g gemahlener und 4 g geschroteter schwarzer Pfeffer
- je 3 g getrocknete rote Pfefferkörner, gemahlener Koriander und gemahlene Muskatblüte
- 6 g edelsüßes Paprikapulver
- 4 g Traubenzucker
- 45 g Nitritpökelsalz

Außerdem:

- 7 m Saitling (20/22)
- Starterkultur für Rohwurst

1 Speck klein würfeln und 4 Std. tiefkühlen. Saitling 2 Std. wässern, dabei mehrfach spülen. Fleisch von Sehnen und Knorpeln befreien, klein würfeln und 1 Std. tiefkühlen. Starterkultur nach Packungsanleitung ansetzen.

2 Fleisch mit Starterkultur, allen Pfeffersorten, Koriander, Muskatblüte, Paprika und Traubenzucker zweimal wolfen (Lochscheibe 8 mm). Salz mit den Händen untermischen.

3 Füllrohr (20 mm) am Fleischwolf oder Wurstfüller befestigen und Wurstmasse bis zum Ende pressen. Saitling aufziehen. Fleischmasse einfüllen, dabei Würste von ca. 15 cm Länge abklemmen und dazwischen je 1–2 cm Platz lassen.

4 Würste hängend 6 Std. bei ca. 12° reifen, dann mind. 24 Std. bei Raumtemperatur trocknen lassen. 5 Tage reifen lassen, dabei die Temperatur täglich um ca. 2° verringern. Würste zweimal 3 Std. bei 20–25° kalt räuchern (siehe Seite 17). Bis zur gewünschten Festigkeit ca. 1 Woche reifen lassen.

auf die Hand | ROHWURST

Bauernseufzer

schmecken heiß und kalt | *Vorbereitung: 2 Std.* | *Zubereitung: ca. 1 Std.* | *Trocknen: 12 Std.* | *Räuchern: ca. 10 Std.* | *Haltbarkeit: gekühlt ca. 2 Monate* | *Pro Wurst: ca. 155 kcal*

Für ca. 24 Würste

1 kg mageres Schweinefleisch (Schulter ohne Schwarte)
1 kg fetter Schweinebauch (ohne Schwarte)
3 Knoblauchzehen | 35 g Salz
4 g gemahlener schwarzer Pfeffer | je 2 g frisch geriebene Muskatnuss, gemahlener Koriander und gemahlene Wacholderbeeren
5 g gerebelter Majoran

Außerdem:

5 m Schweinedarm (26/28)
Wurstgarn

1 Darm 2 Std. wässern, dabei mehrfach spülen. Schweineschulter und -bauch von Sehnen und Knorpeln befreien. Schulter 30 Min. kalt stellen, Bauch 30 Min. tiefkühlen. Bewegliche Fleischwolfteile kalt stellen.

2 Knoblauch schälen, hacken. Fleisch mit Knoblauch und Salz wolfen (Lochscheibe 8 mm). Masse mit Pfeffer, Muskat, Koriander, Wacholder und Majoran in der Küchenmaschine mit dem Knethaken vermengen, bis sie leicht klebt.

3 Füllrohr (26 mm) am Fleischwolf oder Wurstfüller befestigen, Darm aufziehen und mit Fleischmasse füllen. Dabei Würste von 20 cm Länge abdrehen und mit Garn abbinden.

4 Würste hängend 12 Std. in einem kühlen Raum trocknen. Zunächst 40 Min. bei 70–80° heiß räuchern (siehe Seite 17), dann 1 Std. bei 50–60° weiterräuchern. Im geschlossenen Räucherschrank über Nacht hängen lassen.

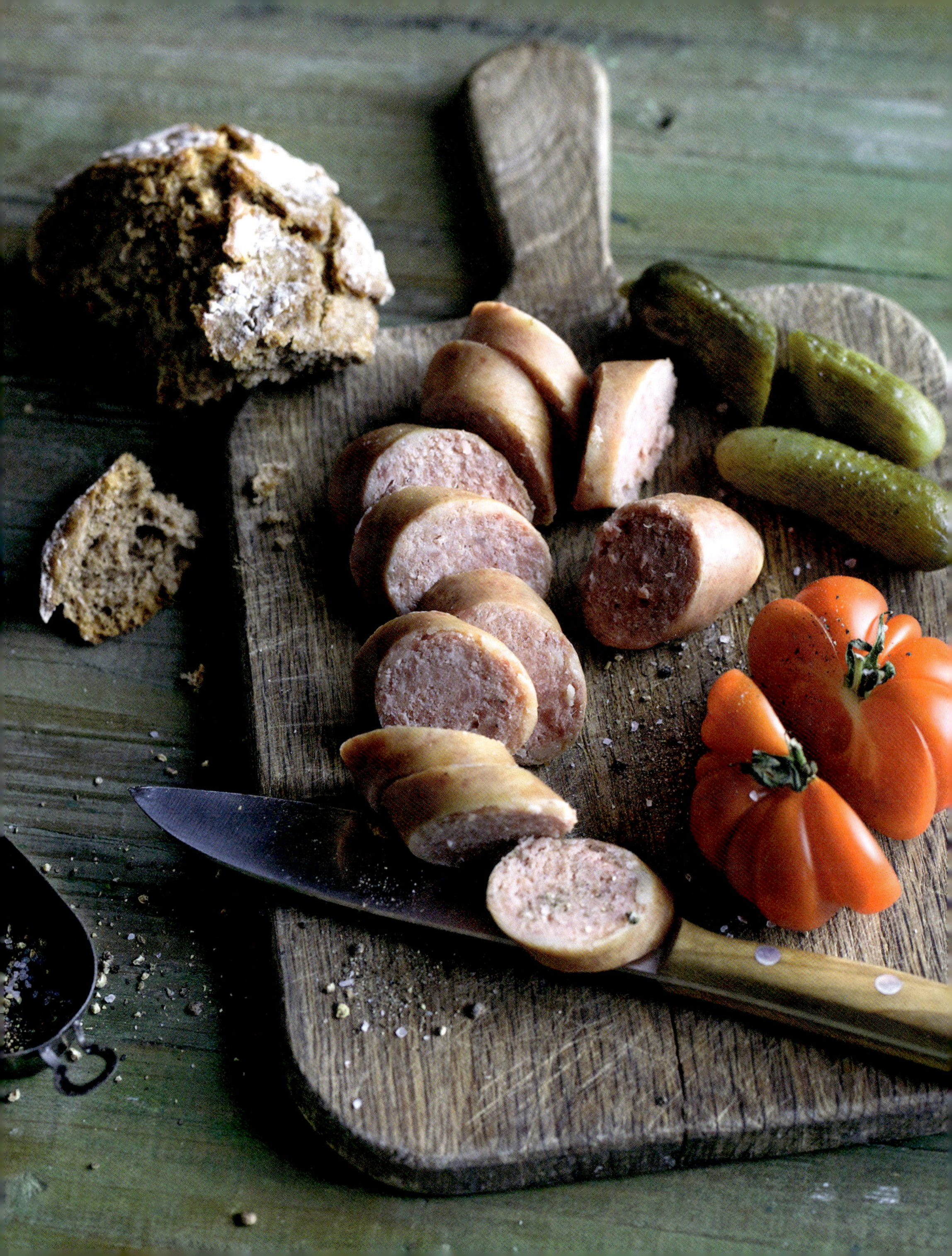

auf die Hand | ROHWURST

Kabanossi

kräftig gewürzt

Vorbereitung: 4 Std. | Zubereitung: ca. 1 Std. | Trocknen: 12 Std. | Räuchern: 2 Std. | Brühen: 1 Std. | Haltbarkeit: ca. 4 Monate | Pro Wurst: ca. 755 kcal

Für ca. 8 Würste

500 g fetter Schweinerückenspeck (grüner Speck)
1 kg Schweinefleisch (Nacken)
500 g Rindfleisch
 (Hohe Rippe)
40 g Salz
1 g gemahlener Kümmel
1 g frisch geriebene
 Muskatnuss
3 g gelbes Senfmehl
3 g gemahlener weißer Pfeffer
4 g Cayennepfeffer
8 g edelsüßes Paprikapulver
5 g Roh-Rohrzucker

Außerdem:

7 m Schweinedarm (30/32)
Wurstgarn

1. Den Speck in ca. 2 cm große Stücke schneiden und 4 Std. tiefkühlen. Den Darm 2 Std. in lauwarmem Wasser einweichen, dabei mehrfach spülen. Den Schweinenacken und das Rindfleisch von Sehnen und Knorpeln befreien, in ca. 2 cm große Würfel schneiden und 1 Std. tiefkühlen.

2. Fleisch und Speck mit dem Salz bestreuen. Das Rindfleisch durch die feine Scheibe (2 mm) des Fleischwolfs geben, das Schweinefleisch und den Speck durch die mittlere Scheibe (4,5 mm). Gesamtes Fleisch und Speck mit Kümmel, Muskatnuss, Senfmehl, Pfeffer, Cayennepfeffer, Paprika und Zucker in der Küchenmaschine mit dem Knethaken 10 Min. durchkneten.

3. Das Füllrohr (26 mm) am Fleischwolf oder Wurstfüller befestigen und die Wurstmasse bis zum Ende pressen. Den Darm aufziehen und ohne Luftblasen mit der Fleischmasse füllen. Würste von ca. 60 cm Länge abdrehen, mit Wurstgarn abbinden und zum Ring binden.

4. Die Würste auf Stangen gehängt bei Raumtemperatur 12 Std. trocknen lassen. Anschließend ca. 2 Std. bei 80° heiß räuchern, bis eine Kerntemperatur von ca. 68° erreicht ist (siehe Seite 17). In einem großen Topf Wasser erhitzen und die Würste darin 1 Std. bei 70–75° brühen (siehe Seite 19). Anschließend in eiskaltem Wasser abkühlen lassen und mit Küchenpapier abtrocknen.

Mettenden

handliche Brotzeitwurst | Vorbereitung: 2 Std. | Zubereitung: ca. 1 Std. |
Trocknen: 36 Std. | Räuchern: 4 Std. | Reifen: 1–2 Tage | Haltbarkeit: ca. 2 Monate | Pro Wurst: ca. 210 kcal

Für ca. 18 Würste

1,5 kg magerer Schweinebauch (ohne Schwarte)
500 g Schweinefleisch (Schulter ohne Schwarte)
40 g Nitritpökelsalz
5 g gelbe Senfkörner
5 g gemahlener weißer Pfeffer
1 g Cayennepfeffer
1 g gemahlene Muskatblüte
2 g Ingwerpulver
2 g edelsüßes Paprikapulver
2 g Roh-Rohrzucker

Außerdem:

7 m Saitling (18/20)
Wurstgarn

1 Den Saitling 2 Std. in lauwarmem Wasser einweichen, dabei mehrfach spülen. Den Schweinebauch und die -schulter sorgfältig von Sehnen und Knorpeln befreien, klein würfeln und 2 Std. tiefkühlen.

2 Das Fleisch mit Pökelsalz, Senfkörnern, Pfeffer, Cayennepfeffer, Muskatblüte, Ingwer, Paprika und Zucker gut mischen und durch den Fleischwolf (Lochscheibe 4,5 mm) geben. Nochmals mit den Händen durchmischen.

3 Das Füllrohr (20 mm) am Fleischwolf oder Wurstfüller befestigen und die Wurstmasse bis zum Ende pressen. Den Saitling aufziehen und ohne Luftblasen mit Fleischmasse füllen, dabei Würste von ca. 20 cm Länge abdrehen und mit Wurstgarn abbinden.

4 Würste auf Stangen gehängt 36 Std. bei 12–15° trocknen lassen. Dann 4 Std. bei 20–25° kalt räuchern (siehe Seite 17). Hängend 1–2 Tage in einem kühlen Raum reifen lassen.

Mini-Pfeffersalami

Kleiner Snack zu Bier und Wein | *Vorbereitung: 4 Std.* | *Zubereitung: ca. 1 Std.* | *Trocknen: 36 Std.* | *Räuchern: 1–2 Tage* | *Reifen: ca. 6 Tage* | *Haltbarkeit: ca. 4 Monate* | *Pro Wurst: ca. 180 kcal*

Für ca. 30 Würste

500 g fetter Schweinerückenspeck (grüner Speck)
1,5 kg Schweinefleisch (Oberschale, ohne Schwarte)
3 g getrocknete grüne Pfefferkörner | 7 g gemahlener schwarzer Pfeffer
3 g gelbes Senfmehl
6 g edelsüßes Paprikapulver
3 g gemahlene Muskatblüte
4 g Roh-Rohrzucker
45 g Nitritpökelsalz

Außerdem:

8 m Saitling (20/22)

1 Speck ca. 2 cm groß würfeln und 4 Std. tiefkühlen. Saitling 2 Std. wässern, dabei mehrfach spülen. Schweinefleisch von Sehnen und Knorpeln befreien, klein würfeln und 1 Std. tiefkühlen. Grüne Pfefferkörner im Mörser grob zerstoßen.

2 Fleisch mit Speck, schwarzem Pfeffer, Senfmehl, Paprika, Muskatblüte sowie Zucker mischen und zweimal durch den Fleischwolf (Lochscheibe 2 mm) geben. Pökelsalz und grünen Pfeffer mit den Händen unterkneten.

3 Füllrohr (20 mm) am Fleischwolf oder Wurstfüller befestigen und die Fleischmasse bis zum Ende pressen. Saitling aufziehen und mit Fleischmasse füllen, dabei Würste von ca. 10 cm Länge abdrehen.

4 Würste hängend 36 Std. bei 12° trocknen lassen. Dann zweimal je 4 Std. bei 20–25° kalt räuchern (siehe Seite 17). Bei 10–15° bis zur gewünschten Festigkeit reifen lassen.

Rauchpeitschen

statt Chips zum Fernsehabend | Vorbereitung: 2 Std. | Zubereitung: ca. 1 Std. | Trocknen: 2 Tage | Räuchern: ca. 3 Tage | Reifen: ca. 1 Woche | Haltbarkeit: ca. 2 Monate | Pro Wurst: ca. 115 kcal

Für ca. 30 Würste

1 kg Schweinebauch (ohne Schwarte)
1 kg Schweinefleisch (Nacken)
2 Knoblauchzehen
2 Prisen Salz
3 g weiße Pfefferkörner
3 g gelbe Senfkörner
7 g gemahlener schwarzer Pfeffer
6 g edelsüßes Paprikapulver
3 g gerebelter Majoran
4 g Roh-Rohrzucker
50 g Nitritpökelsalz

Außerdem:

8 m Saitling (20/22)

1. Schweinebauch und -nacken von Sehnen und Knorpeln befreien, klein würfeln und 1 Std. tiefkühlen. Saitling 2 Std. in lauwarmem Wasser einweichen, dabei mehrfach spülen.

2. Knoblauch schälen, hacken und mit Salz bestreut zerdrücken. Weiße Pfefferkörner und Senfkörner im Mörser zerstoßen und mit Knoblauch, schwarzem Pfeffer, Paprika, Majoran, Zucker und Pökelsalz unter das Fleisch arbeiten. Masse durch den Fleischwolf (Lochscheibe 4,5 mm) geben.

3. Füllrohr (20 mm) am Fleischwolf oder Wurstfüller befestigen und die Wurstmasse bis zum Ende pressen. Saitling aufziehen und mit der Fleischmasse füllen, dabei Würste von 30 cm Länge abdrehen.

4. Wurstkette in weiten Schlaufen über eine Holzstange gehängt 2 Tage bei 12° trocknen lassen. Dann dreimal bei 20–25° für jeweils 6 Std. kalt räuchern (siehe Seite 17). Bei 10–15° bis zur gewünschten Festigkeit reifen lassen.

Sucuk

beliebt in der Türkei | Vorbereitung: 2 Std. |
Zubereitung: ca. 1 Std. | Reifen: 2 Tage | Haltbarkeit: ca. 2 Wochen | Pro Wurst: ca. 200 kcal

Für ca. 18 Würste

1,4 kg durchwachsenes Rindfleisch (z. B. Brust)
600 g Lammfleisch (Nacken oder Brust)
4 Knoblauchzehen | 45 g Salz
10 g edelsüßes Paprikapulver
10 g gemahlener Kreuzkümmel
5 g Sumach (arab. Gewürz)
5 g Pul Biber (Chiliflocken)
6 g Roh-Rohrzucker

Außerdem:

4 m Rinderkranzdarm (37/40)
Starterkultur für schnittfeste Rohwurst | Wurstgarn

1 Darm 2 Std. in lauwarmem Wasser einweichen, dabei mehrfach spülen. Rind- und Lammfleisch von Sehnen und Knorpeln befreien, in kleine Würfel schneiden und 1 Std. tiefkühlen. Starterkultur nach Packungsanleitung ansetzen. Knoblauch schälen, fein hacken, mit 2 Prisen Salz bestreuen und zu einer Paste zerdrücken.

2 Fleisch, Starterkultur, Knoblauch, restliches Salz, Paprika, Kreuzkümmel, Sumach, Pul Biber und Zucker mischen. Masse erst durch die mittlere Lochscheibe (4,5 mm) des Fleischwolfs geben, dann durch die feine Scheibe (2 mm).

3 Füllrohr (26 mm) am Fleischwolf oder Wurstfüller befestigen, Wurstmasse bis zum Ende pressen. Darm aufziehen und füllen, dabei Würste von 15–20 cm Länge abdrehen. Würste an beiden Enden mit Garn zubinden, dabei eine Schlaufe binden. Auseinanderschneiden und hängend 2 Tage bei 20° reifen lassen. Bei ca. 16° lagern.

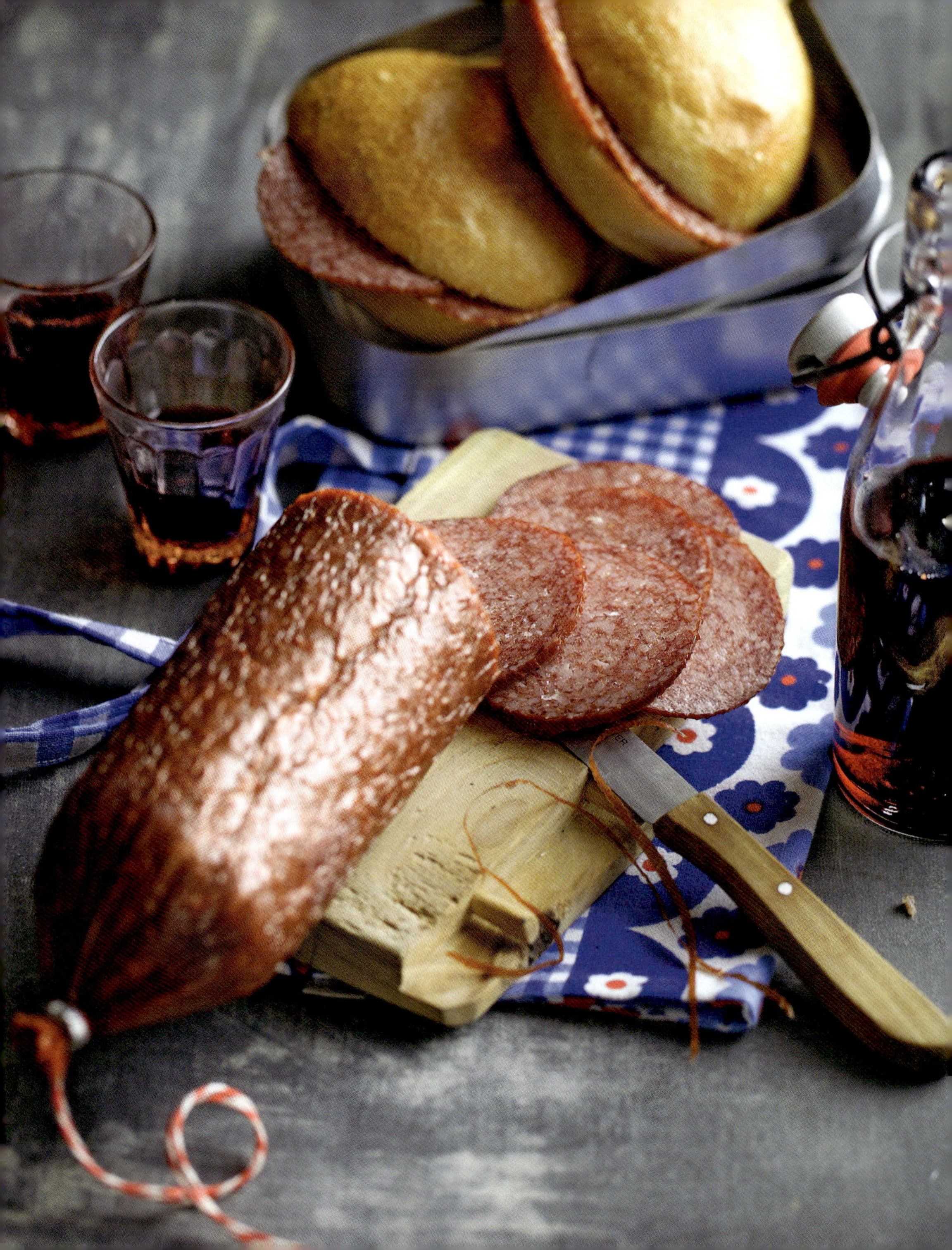

groß und stattlich | ROHWURST

Salami mit Rotwein

raffiniert mit Schuss

Vorbereitung: 2 Std. | Kühlen: 4 Std. | Zubereitung: ca. 1 Std. | Räuchern: ca. 3 Tage | Reifen: ca. 5 Wochen | Haltbarkeit: ca. 4 Monate | Pro Wurst: ca. 1980 kcal

Für 2 Würste

1 kg mageres Schweinefleisch (Schulter ohne Schwarte)
1 kg Schweinebauch (ohne Schwarte)
3 Knoblauchzehen
25 g Meersalz
25 g Nitritpökelsalz
1 g gemahlener Kardamom
7 g gemahlener schwarzer Pfeffer | 6 g Roh-Rohrzucker
¼ l trockener Rotwein (z. B. Chianti)
3 g Fenchelsamen

Außerdem:

2 Kunstdärme (80/40)
Wurstgarn

1 Schweineschulter und -bauch in kleine Würfel schneiden und 2 Std. tiefkühlen. Knoblauch schälen, fein hacken, mit 2 Prisen Meersalz bestreuen und zu einer Paste zerdrücken.

2 Fleisch mit Knoblauchpaste, restlichem Meersalz, Pökelsalz, Kardamom, Pfeffer und Zucker gut vermischen. Drei Viertel des Fleisches durch die feine Lochscheibe (2 mm) des Fleischwolfs geben, das restliche Fleisch durch die mittlere Scheibe (4,5 mm). Beide Fleischmassen in einer großen Metallschüssel mit den Händen 10 Min. mischen. Rotwein und Fenchelsamen unterarbeiten. Mit Frischhaltefolie abgedeckt 4 Std. in einen kühlen Raum stellen. Därme 1 Std. in handwarmes Salzwasser legen.

3 Einen Darm über einen Marmeladentrichter stülpen und die Hälfte der Fleischmasse fest und ohne Luftblasen einfüllen. Mit Wurstgarn zubinden. Zweiten Darm ebenso füllen. Würste auf Stangen gehängt 6 Tage bei 18–20° in einem gut gelüfteten Raum reifen lassen. Dann dreimal je 8 Std. bei 20–25° kalt räuchern (siehe Seite 17). Hängend an einem kühlen Ort 4 Wochen nachreifen lassen.

Variante: Lammsalami

Für ca. 6 Würste | **1,4 kg Lammfleisch (Hals oder Schulter)** und **600 g fetten Schweinebauch (ohne Schwarte)** klein würfeln und 2 Std. tiefkühlen. **3 m Rinderkranzdarm (37/40)** 2 Std. wässern. **2 Knoblauchzehen** schälen, mit **2 Prisen Salz** bestreuen und fein zerdrücken. Fleisch mit Knoblauch, **25 g Meersalz, 25 g Pökelsalz, 7 g gemahlenem schwarzem Pfeffer, 2 g gemahlenem Koriander, 1 g gemahlenen Lorbeerblättern** und **6 g Roh-Rohrzucker** mischen. Masse durch den Fleischwolf (Lochscheibe 2 mm) geben. In der Küchenmaschine 10 Min. verkneten. **300 ml Rotwein (z. B. Merlot)** einarbeiten. Mit Frischhaltefolie bedeckt 4 Std. kühl stellen. Füllrohr (26 mm) am Fleischwolf oder Wurstfüller befestigen. Darm aufziehen und ohne Luftblasen mit Fleischmasse füllen, dabei Würste von ca. 40 cm Länge abdrehen. Mit Garn zubinden, dabei jeweils an einem Ende eine Schlaufe formen. Auf eine Stange gehängt 3 Tage in einem gut belüfteten Raum bei 18–20° reifen lassen. Dann zweimal je 8 Std. bei 20–25° kalt räuchern (siehe Seite 17). Hängend an einem kühlen Ort 4 Wochen nachreifen lassen.

1

2

3

groß und stattlich | ROHWURST

Zervelat

mild-würzig

Vorbereitung: 2 Std. | Zubereitung: ca. 1 Std. | Kühlen: 10 Std. | Pökeln: 3 Std. |
Trocknen: 3 Tage | Räuchern: 4–5 Tage | Reifen: 3–4 Tage | Haltbarkeit: ca. 2 Monate | Pro Wurst: ca. 2290 kcal

Für 2 Würste

1 kg Rindfleisch
  (Nacken oder Hohe Rippe)
750 g Schweinebauch
  (ohne Schwarte)
250 g fetter Schweinerückenspeck (grüner Speck)
20 g Meersalz
25 g Nitritpökelsalz
1 g gemahlene Wacholder-
  beeren
5 g gemahlener schwarzer
  Pfeffer
1 g gemahlene Muskatblüte
3 g Roh-Rohrzucker
20 ml Rum

Außerdem:

2 Schweinefettenden (Darm)
Wurstgarn
50 g Salz für die Pökellake

1 Das Rindfleisch, den Schweinebauch und den Speck in ca. 2 cm große Würfel schneiden und 2 Std. tiefkühlen. Rindfleisch, Schweinbauch, Speck, Meersalz, Pökelsalz, Wacholder, Pfeffer, Muskatblüte und Zucker mit den Händen gut vermischen und die Masse durch den Fleischwolf (Lochscheibe 3 mm) geben. In einer großen Metallschüssel mit den Händen 10 Min. mischen, dann den Rum unterarbeiten. Die Masse mit Frischhaltefolie bedeckt ca. 10 Stunden in einen kühlen Raum stellen. Die Fettenden ca. 10 Stunden in kaltem Wasser einweichen, vor dem Füllen 1 Std. in lauwarmes Wasser legen.

2 Die Fettenden jeweils auf einer Seite mit Wurstgarn zubinden. Das Füllrohr (26 mm) am Fleischwolf oder Wurstfüller befestigen und die Wurstmasse bis zum Ende pressen. Ein Fettende aufziehen und die Hälfte der Fleischmasse ohne Luftblasen einfüllen (**Bild 1**). Mit Wurstgarn zubinden. Den zweiten Darm ebenso füllen.

3 Für die Pökellake das Salz in 950 ml lauwarmem Wasser auflösen (**Bild 2**). Die Würste 3 Std. in die Lake legen, währenddessen alle 30 Min. drehen (**Bild 3**). Aus der Lake nehmen, mit kaltem Wasser abwaschen und mit einem Küchentuch abtrocknen. Aufgehängt in einem kühlen Raum 3 Tage trocknen lassen.

4 Die Würste 8 Std. bei 20–25° kalt räuchern (siehe Seite 17). Dann 1 Tag an einem zugfreien, kühlen Ort lüften lassen. Diesen Räucher-Lüftungs-Vorgang noch dreimal wiederholen. Würste anschließend hängend an einem kühlen Ort 3–4 Tage reifen lassen.

Teewurst

zum Streichen zart | *Vorbereitung: 1 Std.* |
Zubereitung: ca. 1 Std. | *Trocknen: 24 Std.* | *Räuchern: 2–3 Tage* | *Haltbarkeit: ca. 2 Monate* | *Pro Wurst: ca. 600 kcal*

Für 6 Würste

1,5 kg magerer Schweinebauch
  (ohne Schwarte)
250 g Schweinefleisch
  (Schulter ohne Schwarte)
250 g Rindfleisch
  (Bug oder Hohe Rippe)
4 g gemahlener weißer Pfeffer
6 g edelsüßes Paprikapulver
2 g Ingwerpulver
2 g Roh-Rohrzucker
45 g Salz

Außerdem:

6 räucherbare Kunstdärme
(45/20) | Wurstgarn

1. Alle Fleischsorten von Sehnen und Knorpeln befreien, in ca. 2 cm große Würfel schneiden und 1 Std. tiefkühlen.

2. Fleisch mit Pfeffer, Paprika, Ingwer, Zucker sowie Salz mischen und zweimal durch den Fleischwolf (Lochscheibe 2 mm) geben. In der Küchenmaschine mit dem Knethaken 5 Min. durchkneten.

3. Das Füllrohr (26 mm) am Fleischwolf oder Wurstfüller befestigen. Einen Kunstdarm aufziehen und mit Fleischmasse füllen. Mit Wurstgarn zubinden, dabei eine Schlaufe bilden. Übrige Därme ebenso füllen.

4. Die Würste auf Stangen gehängt 24 Std. bei Raumtemperatur trocknen lassen. Anschließend dreimal je 4 Std. bei 20–25° kalt räuchern (siehe Seite 17).

Grobe Mettwurst

beliebt bei Klein und Groß | *Vorbereitung: 4 Std.* |
Zubereitung: ca. 1 Std. | *Trocknen: 24 Std.* | *Räuchern: 5–6 Tage* | *Haltbarkeit: ca. 2 Monate* | *Pro Wurst: ca. 2210 kcal*

Für 3 Würste

500 g fetter Schweinerückenspeck (grüner Speck)
1,5 kg magerer Schweinebauch (ohne Schwarte)
6 g gemahlener weißer Pfeffer
2 g gemahlener Piment
2 g Roh-Rohrzucker
25 g Salz
20 g Nitritpökelsalz (siehe Seite 59)

Außerdem:

3 räucherbare Kunstdärme (75/50)
Wurstgarn

1. Speck in ca. 2 cm große Stücke schneiden und 4 Std. tiefkühlen. Schweinebauch von Sehnen und Knorpeln befreien, in ca. 2 cm große Würfel schneiden und 1 Std. tiefkühlen.

2. Speck, Schweinebauch, Pfeffer, Piment, Zucker, Salz und Pökelsalz vermischen und durch den Fleischwolf (Lochscheibe 6 mm) geben. Dann in der Küchenmaschine mit dem Knethaken 5 Min. durchkneten.

3. Das Füllrohr (26 mm) am Fleischwolf oder Wurstfüller befestigen und die Wurstmasse bis zum Ende pressen. Einen Kunstdarm aufziehen und die Fleischmasse fest in den Darm füllen. Offene Enden mit Wurstgarn zubinden, dabei eine Schlaufe bilden.

4. Die Würste auf Stangen gehängt 24 Std. bei Raumtemperatur trocknen lassen. Dann fünfmal je 6 Std. bei 20–25° kalt räuchern (siehe Seite 17).

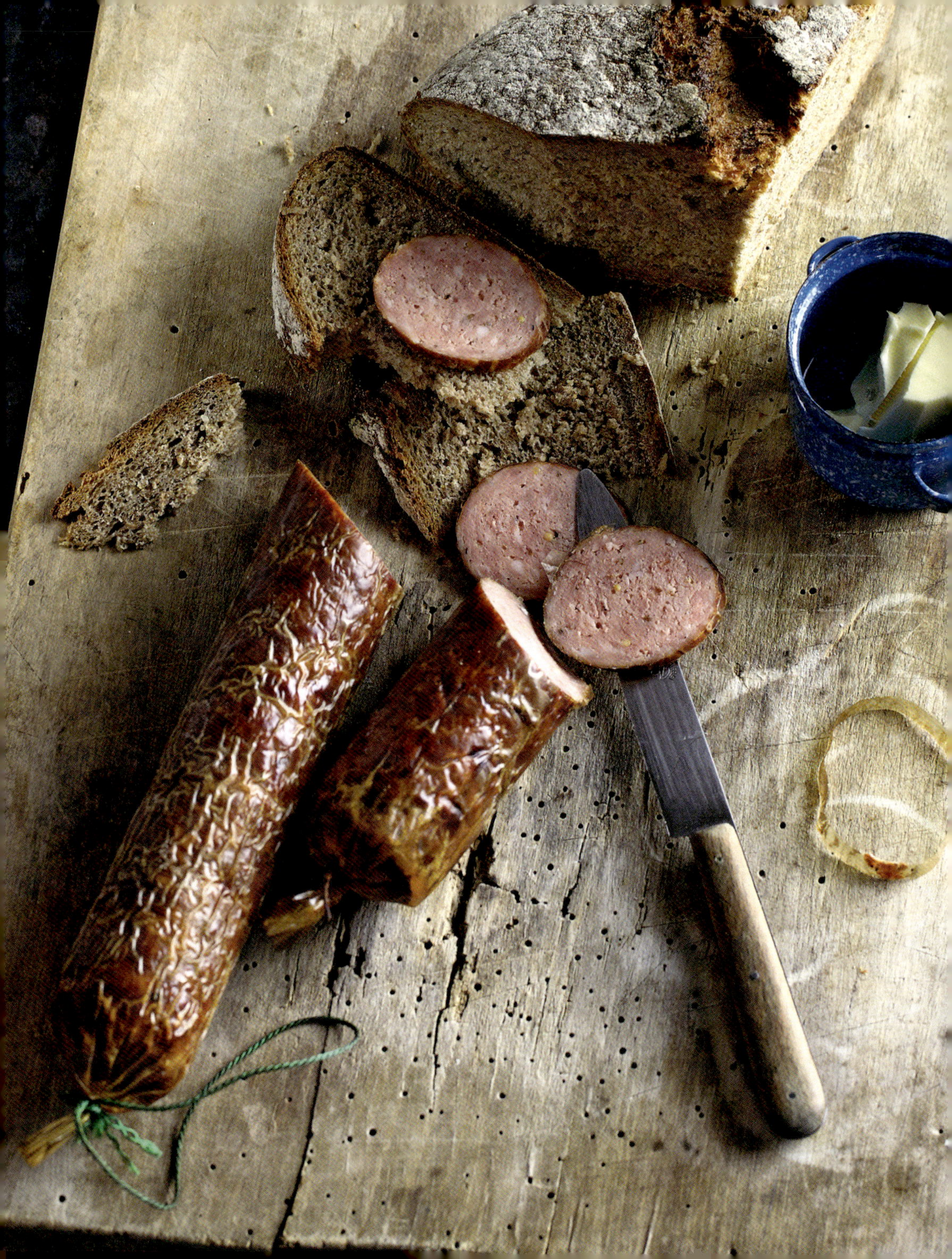

Mett aufs Brot | ROHWURST

Kochmettwurst

rauchig-würzig

Vorbereitung: 2 Std. | Zubereitung: ca. 1 Std. | Brühen: 1 Std. | Räuchern: 1–2 Tage |
Reifen: 3–4 Tage | Haltbarkeit: ca. 2 Monate | Pro Wurst: ca. 1040 kcal

Für 5 Würste

1 kg Schweinefleisch (Schulter ohne Schwarte)
750 g magerer Schweinebauch (ohne Schwarte)
250 g fetter Schweinerückenspeck (grüner Speck)
45 g Nitritpökelsalz
5 g Kümmelsamen (grob zerstoßen) | 3 g gelbe Senfkörner
4 g gemahlener schwarzer Pfeffer
1 g gemahlene Muskatblüte
1 g edelsüßes Paprikapulver
2 g brauner Zucker (Roh-Rohrzucker)

Außerdem:

5 Naturin-Därme (43/60)
Wurstgarn

1 Schweineschulter, -bauch und -speck in ca. 2 cm große Stücke schneiden und 2 Std. tiefkühlen. Die Därme nach Herstellerangabe wässern.

2 Fleisch, Speck, Pökelsalz, Kümmel, Senfkörner, Pfeffer, Muskatblüte, Paprikapulver und Zucker mit den Händen vermischen und durch den Fleischwolf (Lochscheibe 4,5 mm) geben. Dann die Masse mit den Händen nochmals 10 Min. durchmischen.

3 Die Därme jeweils auf einer Seite mit Wurstgarn zubinden. Das Füllrohr (26 mm) am Fleischwolf oder Wurstfüller befestigen. Einen Darm aufziehen und ohne Luftblasen mit Fleischmasse füllen. Offenes Ende mit Wurstgarn zubinden, Wurst zu einem Ring formen und diesen mit Wurstgarn fixieren. Übrige Därme ebenso füllen.

4 In einem großen Topf Wasser erhitzen, die Würste darin 1 Std. bei 75–80° brühen (siehe Seite 19). In kaltem Wasser abkühlen lassen und gut abtrocknen. Dann zweimal je 6 Std. bei 20–25° kalt räuchern (siehe Seite 17). Hängend an einem kühlen Ort 3–4 Tage reifen lassen.

Variante: Zwiebelmettwurst

Für 10 Würste | **1,2 kg Schweinebauch (ohne Schwarte)** und **800 g mageres Schweinefleisch (Schulter ohne Schwarte)** von Sehnen und Knorpeln befreien, klein würfeln und 1 Std. tiefkühlen. **2 Zwiebeln (ca. 80 g)** schälen, fein würfeln, in einem Sieb mit heißem Wasser übergießen und abtropfen lassen. Fleisch mit **20 g Salz** und **20 g Nitritpökelsalz** bestreuen. Mit den Zwiebeln durch den Fleischwolf (Lochscheibe 2 mm) geben. Masse mit **6 g gemahlenem weißem Pfeffer**, **5 g edelsüßem Paprikapulver**, **2 g gemahlener Muskatblüte** und **5 g Zucker** in der Küchenmaschine mit dem Knethaken 5 Min. durchkneten. Füllrohr (26 mm) am Fleischwolf oder Wurstfüller befestigen. Nacheinander **10 Kunstdärme (43/20)** aufziehen, mit Fleischmasse füllen und mit **Wurstgarn** zubinden. In einem großen Topf Wasser auf 90° (Thermometer!) erhitzen. Jede Wurst zweimal kurz in das Wasser tauchen. Die Würste abtrocknen und 1 Tag reifen lassen. Gekühlt ca. 1 Woche haltbar.

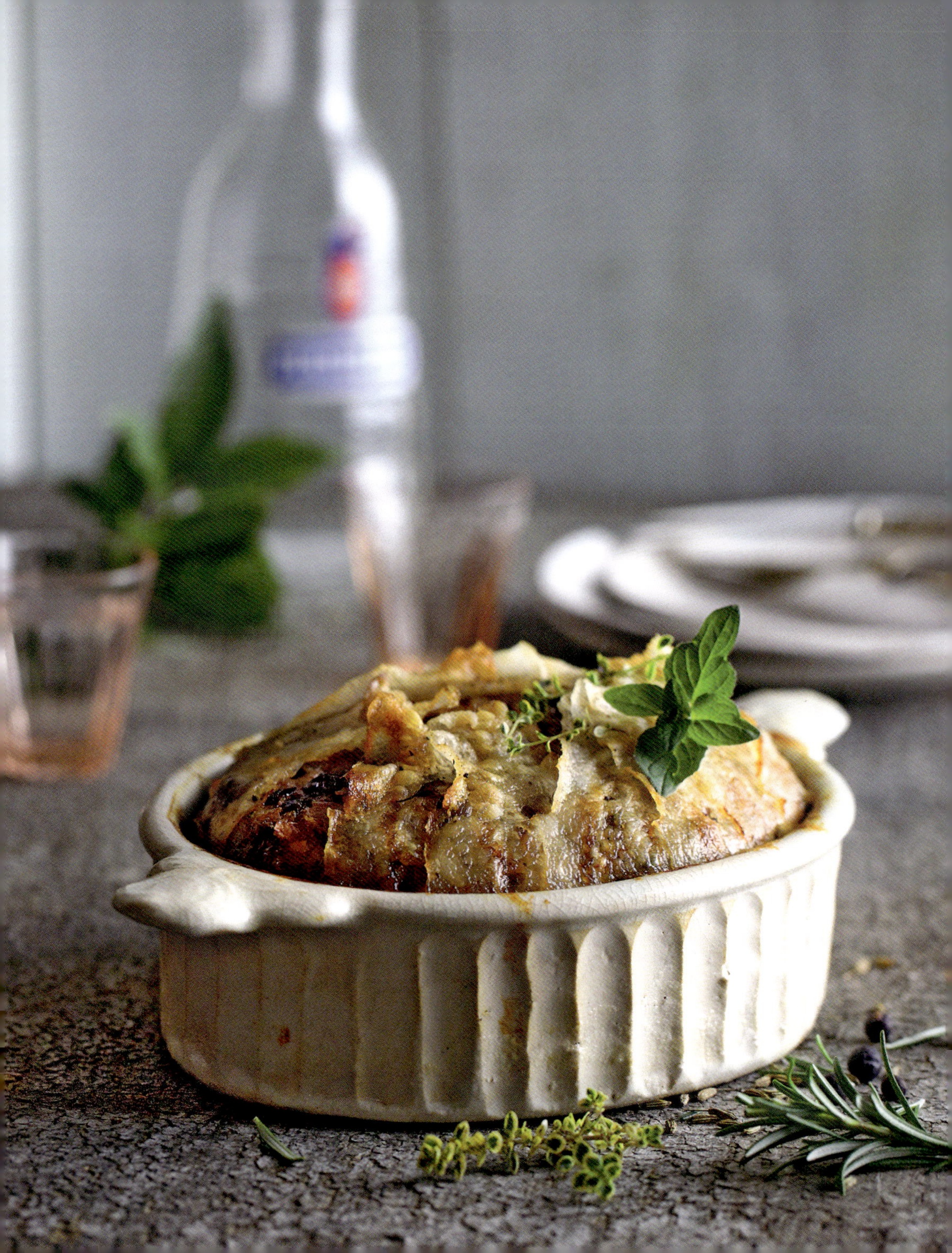

TERRINEN – WURST MAL ANDERS VERPACKT

Der einzigartige Geschmack und einmalige Anblick versöhnen mit der etwas zeitaufwendigeren Zubereitung von Terrinen. Schwer herzustellen sind sie allesamt nicht, egal ob es sich um eine »Große« wie die Kalbspastete handelt oder um eine etwas schlichtere »Kleine« aus dem Glas wie Leberwurst in allen Variationen. Das ist kulinarisches Glück aus dem Vorratsschrank!

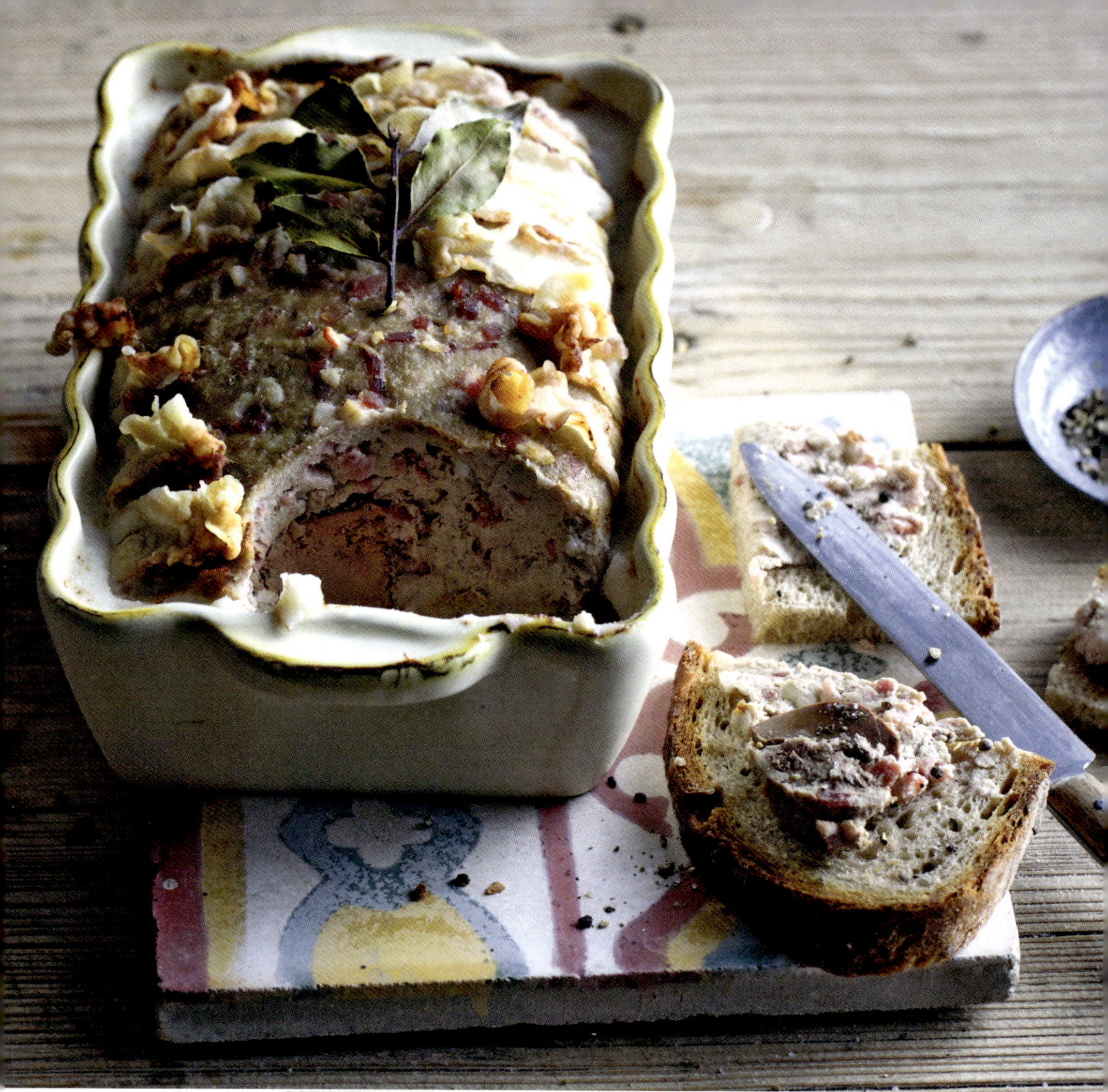

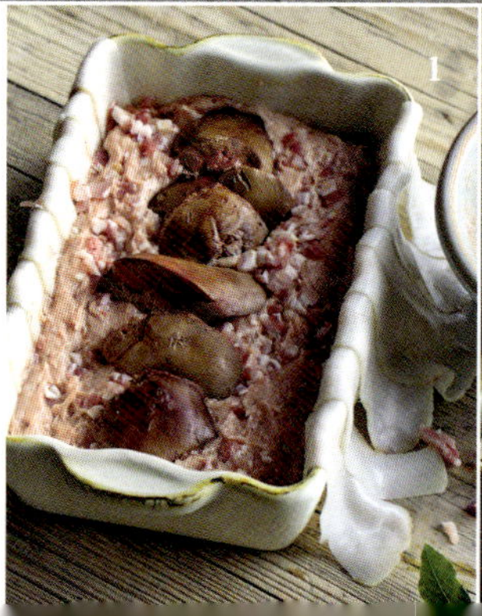
1

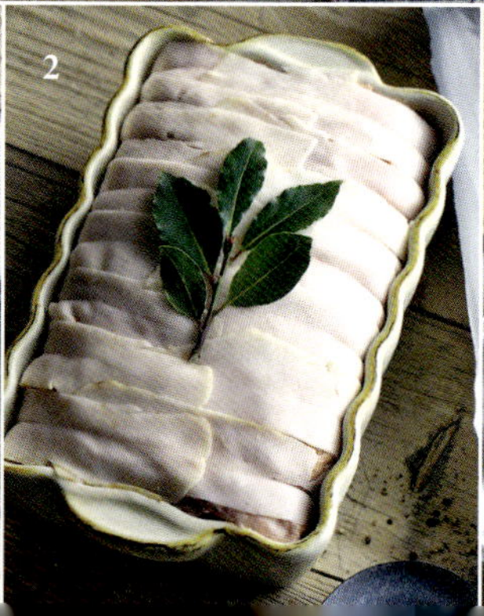
2

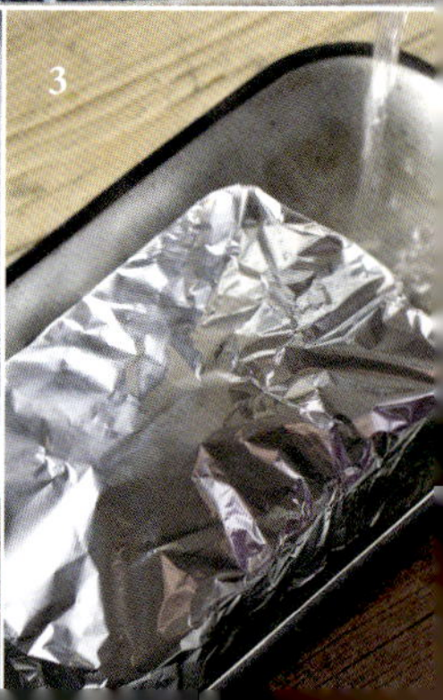
3

Landterrine

französischer Klassiker
Zubereitung: ca. 2 Std. | Backen: 2 Std. | Kühlen: 24 Std. |
Haltbarkeit: gekühlt ca. 2 Wochen | Pro Form: ca. 6410 kcal

Für 1 Kastenform (1,5 l)

- 250 g fetter Schweinerückenspeck (grüner Speck)
- 350 g Schweinefleisch (Nacken)
- 300 g Kalbfleisch (Schulter)
- 350 g Kalbsleber
- 120 g Hühnerlebern
- 250 g geräucherter Schweinebauch (ohne Schwarte)
- 2 Schalotten (fein gewürfelt)
- 2 Knoblauchzehen (sehr fein gehackt)
- 50 g Butter
- 60 ml Armagnac (franz. Weinbrand; ersatzweise Cognac oder Calvados)
- 2 g gemahlener schwarzer Pfeffer
- 3 g Quatre Épices (franz. Gewürzmischung)
- 5 g Salz
- 1 Ei (verquirlt)
- 30 g Sahne

Außerdem:

- ca. 250 g fette Schweinespeckstreifen zum Auslegen der Form
- 3 frische Lorbeerblätter

1. Speck klein würfeln, 1 Std. tiefkühlen. Schweinenacken, Kalbfleisch, Kalbsleber und Hühnerlebern putzen, von Sehnen, Adern und Knorpel befreien. Alles bis auf die Hühnerlebern klein würfeln. Schweinebauch fein würfeln.

2. Schalotten und Knoblauch in 2 EL Butter glasig dünsten und abkühlen lassen. Zuerst Kalbsleber, dann Schweinenacken sowie Kalbfleisch und zum Schluss Schweinespeck durch den Fleischwolf (Lochscheibe 2 mm) geben. Die Schalottenmasse untermengen.

3. Restliche Butter erhitzen und Hühnerlebern rundum 3 Min. anbraten. Herausnehmen und beiseitestellen. Bratsatz mit Armagnac lösen, ca. 1 Min. einkochen lassen. Kurz abkühlen lassen, dann mit Pfeffer, Quatre Épices und Salz zur Fleischmasse geben. Ei, Schweinebauch und Sahne unter die Fleischmasse mischen. Backofen auf 140° vorheizen.

4. Form so mit Speckstreifen auslegen, dass sie über den Rand hängen. Die Hälfte der Fleischmasse einfüllen und bis in die Ecken verteilen. Hühnerlebern längs mittig verteilen (**Bild 1**). Restliche Fleischmasse daraufgeben, mit einem Teigschaber festdrücken. Überhängenden Speck darüberklappen und mit Lorbeerblättern belegen (**Bild 2**). Deckel auflegen oder die Terrine mit Alufolie abdecken.

5. Form in eine tiefe Bratenreine stellen. So viel kochendes Wasser in die Reine gießen, dass die Form zu zwei Dritteln darin steht (**Bild 3**). Terrine im Ofen (Mitte, Umluft 130°) 2 Std. backen. Herausnehmen, kurz abkühlen lassen und Deckel oder Alufolie entfernen. Mit Frischhaltefolie bedecken und mit einem passenden Brett beschweren. Bei Raumtemperatur abkühlen lassen, dann 24 Std. kalt stellen.

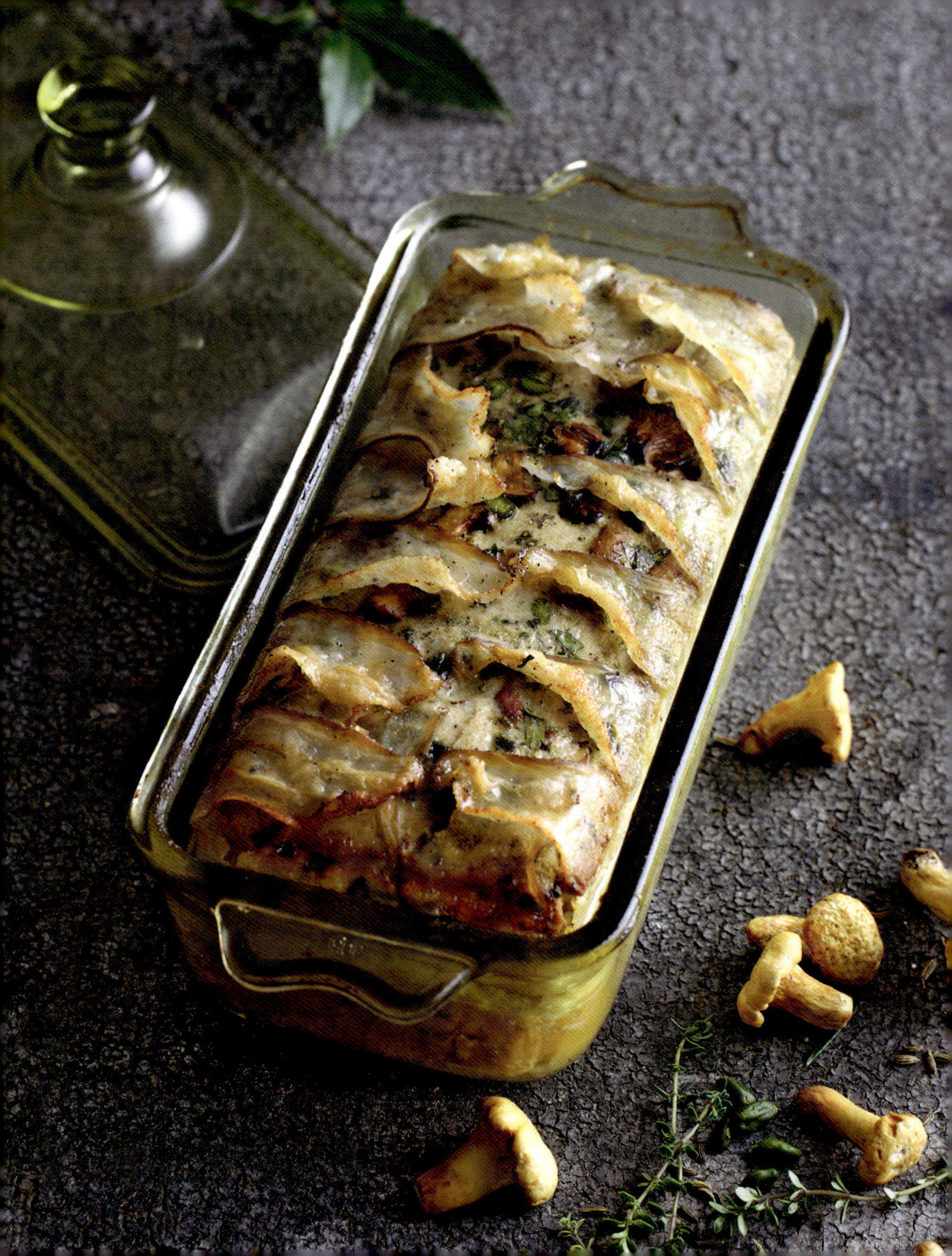

scheibenweise Genuss | TERRINEN

Sommerterrine

leicht mit Geflügel

Zubereitung: ca. 2 Std. | Backen: 2 Std. | Kühlen: 24 Std. |
Haltbarkeit: gekühlt ca. 2 Wochen | Pro Form: ca. 5455 kcal

Für 1 Terrinenform (1,5 l)

1 Maishähnchen (ca. 1,5 kg; küchenfertig vorbereitet; ersatzweise Poularde)
500 g Kalbfleisch (Schulter)
300 g Pfifferlinge
1 Schalotte
2 EL Butter
100 ml weißer Portwein
2 EL gehackte Petersilie
2 Eier (verquirlt)
15 g Salz
5 g gemahlener weißer Pfeffer
2 g gemahlener Piment
2 g gerebelter Thymian
100 g Sahne
20 g gehackte Pistazien
100 g Lardo di Colonnata (in Scheiben; ital. fetter Speck; ersatzweise dünn geschnittener geräucherter Schweinebauch)

Außerdem:

ca. 250 g fette Speckstreifen zum Auslegen der Form

1. Hähnchen zerteilen, von Knochen, Haut, Fett sowie Sehnen befreien, waschen und trocken tupfen. 1 Brust längs halbieren und beiseitestellen, restliches Fleisch klein würfeln. Kalbfleisch von Fett und Sehnen befreien, klein würfeln und mit Hähnchenwürfeln 1 Std. tiefkühlen. Pfifferlinge putzen und evtl. halbieren. Schalotte schälen, fein würfeln.

2. Hähnchenbrusthälften in einer Pfanne in 1 EL Butter bei mittlerer Hitze rundum 2 Min. anbraten, dann herausnehmen. Schalotte in 1 EL Butter kurz andünsten, Pfifferlinge 3 Min. mitdünsten. Mit Portwein ablöschen, kurz einkochen lassen und Petersilie unterrühren. Abkühlen lassen.

3. Gekühlte Kalb- und Hähnchenwürfel durch den Fleischwolf (Lochscheibe 2 mm) geben. Eier, Pilze mitsamt Flüssigkeit, Salz, Pfeffer, Piment, Thymian, Sahne und Pistazien unter das Fleisch mischen. Gebratene Hähnchenbrust in den Lardo einwickeln. Backofen auf 150° vorheizen.

4. Form so mit Speckstreifen auslegen, dass sie über den Rand hängen. Die Hälfte der Fleischmasse einfüllen und bis in die Ecken verteilen. Eingewickelte Hähnchenbrust längs in die Mitte legen. Restliche Fleischmasse darauf glatt streichen und festdrücken. Überhängenden Speck darüberklappen. Deckel auflegen oder die Terrine mit Alufolie abdecken.

5. Form in eine tiefe Bratenreine stellen. So viel kochendes Wasser in die Reine gießen, dass die Form zu zwei Dritteln darin steht. Die Terrine im Ofen (Mitte, Umluft 130°) 2 Std. garen. Herausnehmen, kurz abkühlen lassen und Deckel oder Alufolie entfernen. Mit Frischhaltefolie bedecken und mit einem passenden Brett beschweren. Bei Raumtemperatur abkühlen lassen, dann 24 Std. kalt stellen.

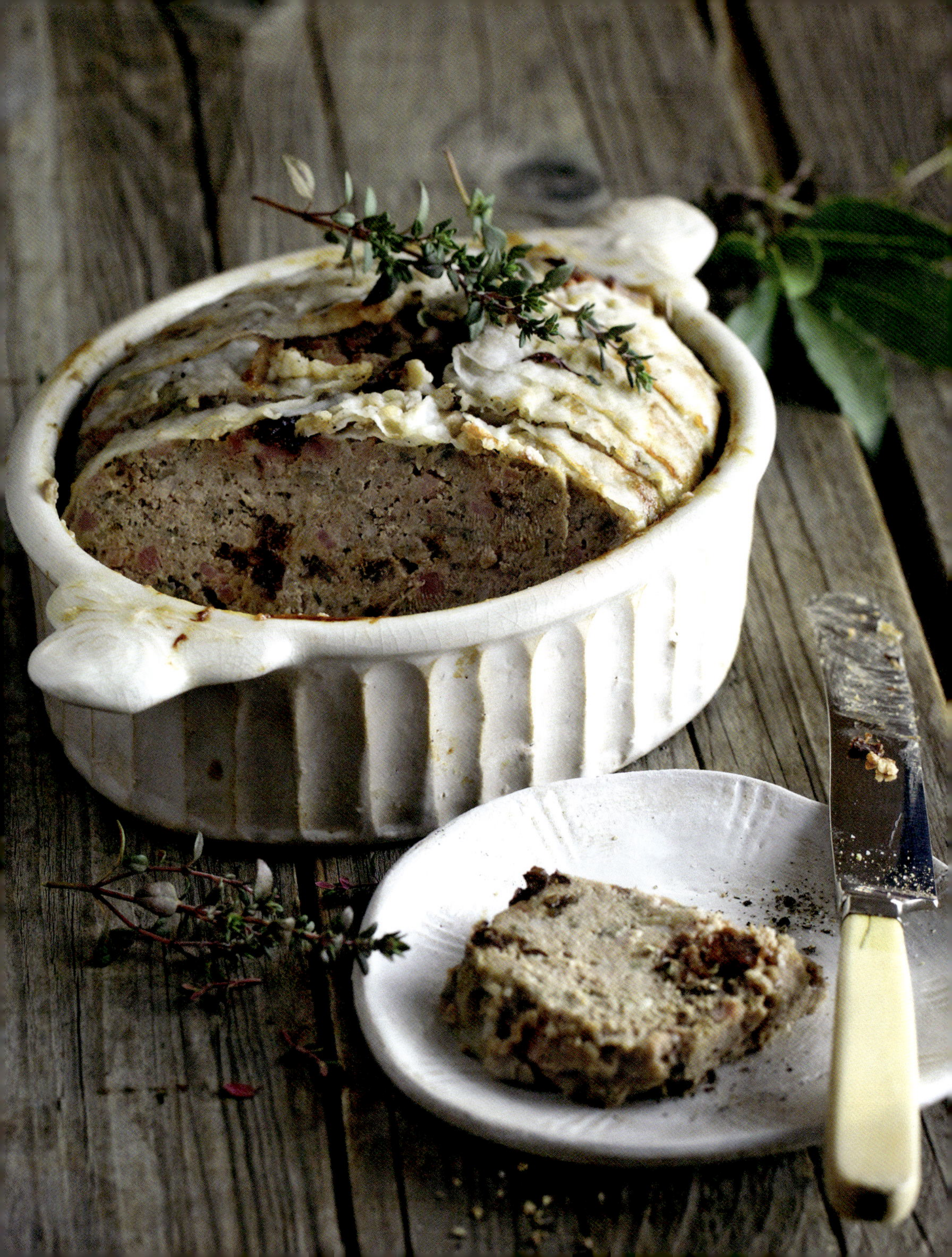

Kalbspastete

elegant für Gäste

Vorbereitung: 3 Std. | Zubereitung: ca. 2 Std. | Backen: 2 Std. | Kühlen: 24 Std. |
Haltbarkeit: gekühlt ca. 2 Wochen | Pro Form: ca. 8435 kcal

Für 1 große Terrinenform (1,5 l)

750 g Kalbsleber
150 ml Armagnac (franz. Weinbrand; ersatzweise Zwetschgenwasser)
10 getrocknete Pflaumen
500 g Kalbfleisch (Schulter)
500 g fetter Schweinerückenspeck (grüner Speck)
250 g Kochschinken (ohne Fett; am Stück)
2 Zwiebeln (ca. 80 g)
1 EL Butter
2 Brötchen (vom Vortag)
200 ml kalte Fleischbrühe
2 Eier (verquirlt)
5 g gemahlener weißer Pfeffer
2 g gemahlener schwarzer Pfeffer
2 g gemahlener Piment
3 g gerebelter Thymian

Außerdem:

ca. 250 g Speckstreifen zum Auslegen der Form
3 Zweige Thymian

1 Kalbsleber häuten, putzen, klein würfeln, mit 100 ml Armagnac übergießen und 3 Std. zugedeckt im Kühlschrank marinieren. Pflaumen im restlichen Armagnac einweichen. Kalbfleisch von Fett und Sehnen befreien, mit dem Schweinespeck klein würfeln und 2 Std. tiefkühlen.

2 Schinken fein würfeln und beiseitestellen. Zwiebeln schälen, fein würfeln, in einer Pfanne in 1 EL Butter glasig dünsten und abkühlen lassen. Brötchen vierteln und in der Brühe weich werden lassen. Pflaumen aus dem Armagnac nehmen und in sehr feine Würfel schneiden.

3 Kalbsleber aus dem Armagnac nehmen, Brötchen ausdrücken. Beides mit Kalbfleisch, Speck und Zwiebeln zweimal durch den Fleischwolf (Lochscheibe 3 mm) geben. Armagnac vom Marinieren der Kalbsleber dazugeben. Eier, weißen und schwarzen Pfeffer, Piment, Thymian, Pflaumen und Schinken gut unter die Fleischmasse mischen. Backofen auf 150° vorheizen.

4 Form so mit Speckstreifen auslegen, dass sie über den Rand hängen. Fleischmasse einfüllen und bis in die Ecken verteilen. Überhängenden Speck darüberklappen und mit Thymianzweigen belegen. Deckel auflegen oder die Terrine mit Alufolie abdecken.

5 Form in eine tiefe Bratenreine stellen. So viel kochendes Wasser in die Reine gießen, dass die Form zu zwei Dritteln darin steht. Die Terrine im Ofen (Mitte, Umluft 130°) 2 Std. garen. Herausnehmen, kurz abkühlen lassen und Deckel oder Alufolie entfernen. Mit Frischhaltefolie bedecken und mit einem passenden Brett beschweren. Bei Raumtemperatur abkühlen lassen, dann 24 Std. kalt stellen.

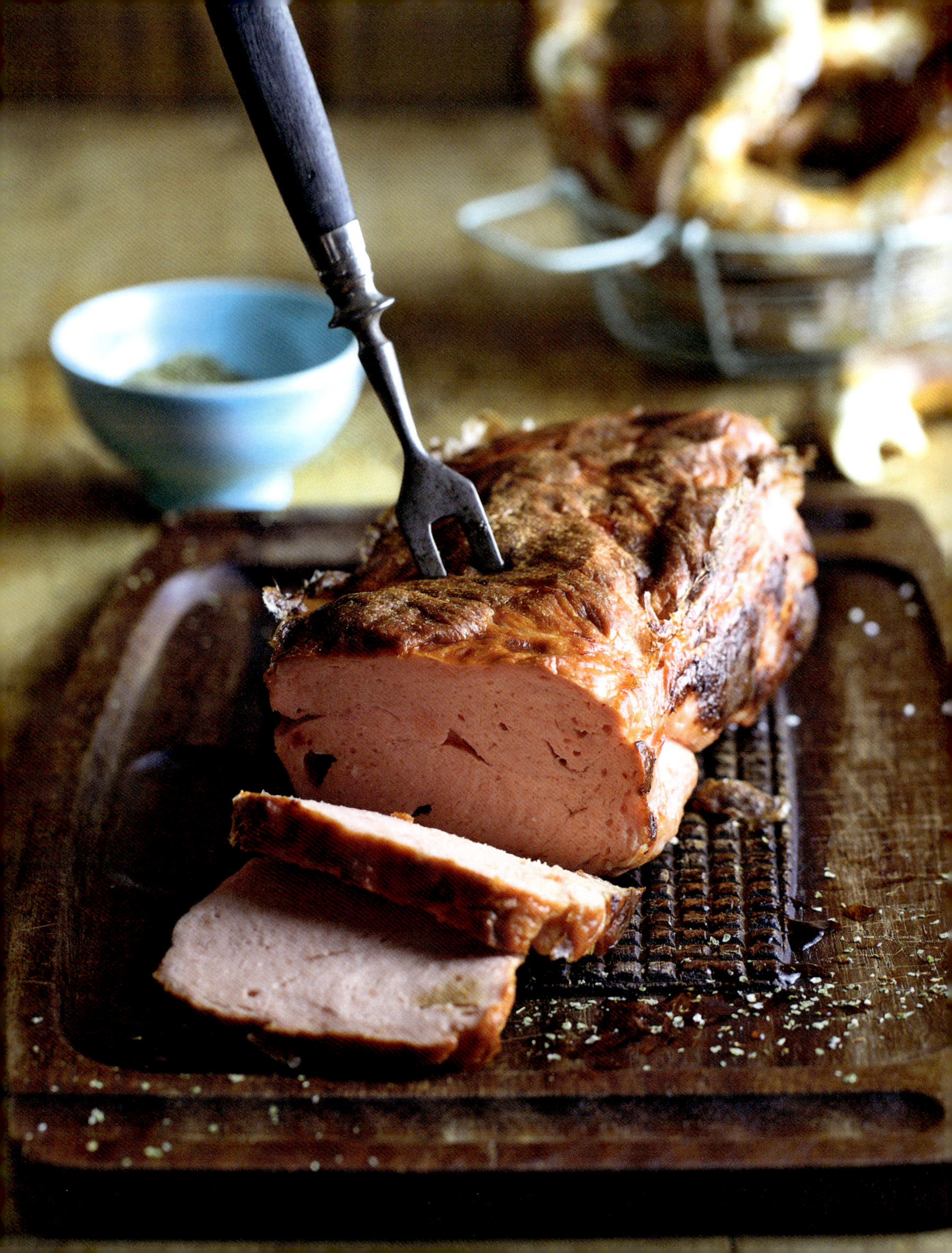

scheibenweise Genuss | TERRINEN

Leberkäse

bayerisches Brotzeitschmankerl
Vorbereitung: 1 Std. | Zubereitung: ca. 1 Std. | Backen: 1 Std. 30 Min. |
Haltbarkeit: gekühlt ca. 1 Woche | Pro Form: ca. 1760 kcal

Für 1 Kastenform (1,2 l)

600 g Schweinenacken
400 g Schweinebauch
 (ohne Schwarte)
300 g Eisschnee
 (siehe Seite 55)
20 g Salz
3 g gemahlener weißer Pfeffer
2 g gemahlene Muskatblüte
1 g Ingwerpulver
1 g gerebelter Majoran

Außerdem:

Fett für die Form

1 Schweinenacken und -bauch von Sehnen und Knorpeln befreien und in ca. 2 cm große Würfel schneiden. Das gesamte Fleisch durch den Fleischwolf (Lochscheibe 2 mm) geben und 1 Std. tiefkühlen. Die Kastenform ebenfalls tiefkühlen.

2 Den Backofen auf 100° vorheizen. Das Fleisch mit dem Eisschnee und dem Salz in der Küchenmaschine mit dem Schlagmesser 10 Min. mischen, dabei Pfeffer, Muskatblüte, Ingwer und Majoran hinzufügen.

3 Die Form dünn ausfetten und die Fleischmasse hineinfüllen. Dabei darauf achten, dass keine Luftblasen entstehen. Mit einem angefeuchteten Teigschaber glatt streichen. Leberkäse im Ofen (Mitte, Umluft 90°) 1 Std. 30 Min. backen. Herausnehmen und warm oder kalt in Scheiben geschnitten servieren.

Clever variieren

Anstatt in einer großen Form lässt sich der Leberkäse auch in **Gläsern** zubereiten. Dafür den Backofen auf 140° vorheizen. Das Leberkäsbrät zu maximal zwei Drittel in gefettete Weckgläser füllen – der Leberkäse dehnt sich beim Einkochen aus. Leberkäse ohne Gummi und Deckel im Ofen (Mitte, Umluft 130°) garen, bis eine Kerntemperatur von 75° erreicht ist. Abkühlen lassen. Eine große Auflaufform mit hohem Rand mit einem Geschirrtuch auslegen. Gläser mit Gummiring und Klammern verschließen und in die Auflaufform stellen, sodass sie sich nicht berühren. So viel Wasser einfüllen, dass die Gläser zu zwei Drittel darin stehen. Die Auflaufform mit den Gläsern in den kalten Ofen (Mitte) stellen. Die Temperatur auf 90° (Umluft 80°) einstellen und den Leberkäse 3 Std. einkochen. Zwischendurch bei Bedarf heißes Wasser nachfüllen. In der Auflaufform abkühlen lassen. Der Leberkäse in Gläsern ist ca. 6 Monate haltbar.

Gewürz
Leberwurst

Gewürzleberwurst

würziger Klassiker

Zubereitung: ca. 1 Std. 30 Min. | Einkochen: ca. 1 Std. 30 Min. | Haltbarkeit: ca. 4 Monate | Pro Glas: ca. 220 kcal

Für ca. 14 Gläser (à 200 ml)

Für die Brühe:

1 Bund Suppengrün
2 Lorbeerblätter | Salz

Für die Leberwurst:

1,2 kg fetter Schweinebauch (mit Schwarte)
300 g Kalbfleisch (Schulter)
300 g Schweineleber (vom Metzger enthäutet und geputzt)
2 große Zwiebeln (ca. 120 g)
1 EL Sonnenblumenöl
40 g Salz
6 g gemahlener schwarzer Pfeffer
4 g gemahlener Piment
1 g frisch geriebene Muskatnuss
1 g Ingwerpulver
1 g Zimtpulver

1 Für die Brühe Suppengrün waschen, putzen und in grobe Stücke schneiden. Mit 2 l Wasser und Lorbeerblättern in einem Topf aufkochen, 1 TL Salz dazugeben und ca. 15 Min. leicht köcheln lassen.

2 Schweinebauch und Kalbfleisch von Sehnen und Knorpeln befreien. Schweinebauch in die Brühe geben und bei kleiner Hitze 1 Std. garen. Kalbfleisch und Leber dazugeben und weitere 15 Min. leicht köcheln lassen. Inzwischen Zwiebeln schälen, fein würfeln und in einer Pfanne im Öl goldgelb andünsten (nicht braun werden lassen, da sie sonst in der Wurst bitter schmecken würden). Abkühlen lassen.

3 Schweinebauch, Leber und Kalbfleisch aus der Brühe nehmen und kurz abkühlen lassen. Brühe durch ein Sieb gießen und bereitstellen. Das noch lauwarme Fleisch klein würfeln und mit den Zwiebeln durch den Fleischwolf (Lochscheibe 2 mm) geben. Mit Salz, Pfeffer, Piment, Muskatnuss, Ingwer und Zimt zu einer cremigen, leicht zähflüssigen Masse vermischen. Bei Bedarf mit etwas Brühe verdünnen.

4 Backofen auf 100° vorheizen. Eine große Auflaufform mit hohem Rand mit einem Geschirrtuch auslegen (**Bild 1**). Fleischmasse in saubere Gläser füllen. Dabei 1–2 cm Platz bis zum Glasrand lassen, da sich die Masse während des Garens stark ausdehnt (**Bild 2**). Gläser fest verschließen und in die Auflaufform stellen, sodass sie sich nicht berühren. So viel heißes Wasser einfüllen, dass die Gläser zu zwei Drittel darin stehen (**Bild 3**).

5 Die Leberwurst im Ofen (Mitte, Umluft 90°) 1 Std. 30 Min. einkochen, zwischendurch bei Bedarf heißes Wasser nachfüllen. Die Gläser aus der Auflaufform nehmen und bei Raumtemperatur abkühlen lassen.

Kalbsleberwurst

extra fein und edel

Landleberwurst

gut zu frischem Bauernbrot

Für ca. 14 Gläser (à 200 ml) | **1 kg Schweinefleisch (Schulter mit Schwarte)** klein würfeln und in **2 l Gemüsebrühe** knapp unter dem Siedepunkt 30 Min garen. **300 g Kalbfleisch (Schulter)** sowie **300 g Kalbsleber** putzen, klein würfeln, dazugeben und weitere 15 Min. garen. Fleisch aus dem Topf nehmen und abkühlen lassen. Mit **300 g gekochtem Schinken** zweimal durch den Fleischwolf (Lochscheibe 2 mm) geben. Mit **abgeriebener Schale von 1 Bio-Zitrone, 40 g Salz, 6 g gemahlenem weißem Pfeffer, 5 g Roh-Rohrzucker, 2 g gemahlenem Piment, 4 g Quatre Épices, 1 g gemahlener Muskatblüte** und **100 g Sahne** in der Küchenmaschine gut vermengen. Leberwurstmasse in saubere Gläser füllen und einkochen (siehe Seite 107, ab Schritt 4).

Für ca. 14 Gläser (à 200 ml) | **750 g Schweinefleisch (Schulter), 500 g Schweinebauch (mit Schwarte)** und **250 g Schweinerückenspeck (grüner Speck)** würfeln. In **2 l Gemüsebrühe** knapp unter dem Siedepunkt 30 Min. garen. **500 g Schweineleber** putzen, würfeln, dazugeben und weitere 15 Min. garen. Alles Fleisch herausnehmen, abkühlen lassen. **2 Zwiebeln** und **2 Knoblauchzehen** schälen, fein würfeln, in **1 EL Butter** dünsten, abkühlen lassen. Ein Viertel jeder Fleischsorte sehr fein würfeln, Rest mit Zwiebelmasse zweimal wolfen (Lochscheibe 3 mm). Fleisch, **40 g Salz, 4 g gemahlenen schwarzen Pfeffer, 2 g Ingwerpulver, 5 g gerebelten Majoran** und **1 g Kardamompulver** mischen. In sauberen Gläsern einkochen (siehe Seite 107, ab Schritt 4).

Kräuterleberwurst

mit einem Hauch von Zwiebel

Für ca. 14 Gläser (à 200 ml) | **1 kg Schweinebauch (mit Schwarte)** und **500 g Schweinefleisch (Nacken)** klein würfeln und in **2 l Gemüsebrühe** knapp unter dem Siedepunkt 30 Min. garen. Herausnehmen und abkühlen lassen. **500 g Schweineleber** putzen, klein würfeln und zweimal durch den Fleischwolf (Lochscheibe 3 mm) geben. Gegartes Fleisch ebenfalls wolfen. **2 Zwiebeln (ca. 80 g)** schälen, sehr fein würfeln, in **1 EL Butter** glasig dünsten und abkühlen lassen. Gesamtes Fleisch mit Zwiebeln, **40 g Salz**, **6 g gemahlenem schwarzem Pfeffer**, **3 g gerebeltem Oregano**, **1 g gemahlenen Lorbeerblättern**, **2 g Thymianblättchen**, **2 g fein gehackten Rosmarinnadeln** und **2 g Salbei** mischen. In saubere Gläser füllen und einkochen (siehe Seite 107, ab Schritt 4).

Italienische Leberwurst

mediterran gewürzt

Für ca. 14 Gläser (à 200 ml) | **750 g Schweinefleisch (Schulter)** und **500 g Schweinebauch (ohne Knorpel, mit Schwarte)** klein würfeln, in **2 l Gemüsebrühe** knapp unter dem Siedepunkt 30 Min. garen. **500 g Schweineleber** putzen, klein würfeln, dazugeben und alles weitere 15 Min. garen. Fleisch herausnehmen, abkühlen lassen. **250 g fetten Schweinerückenspeck (grüner Speck)** 30 Min. tiefkühlen, sehr fein würfeln. Fleisch bis auf den Speck wolfen (Lochscheibe 3 mm). **50 g Sardellenfilets (in Öl)** und **2 EL Kapern** sehr fein hacken. Mit Fleisch, Speck, **10 g Salz**, **4 g gemahlenem schwarzem Pfeffer**, **3 g frisch geriebenem Ingwer**, **3 g gerebeltem Majoran**, **2 g fein gehacktem Rosmarin** mischen. In Gläser füllen und einkochen (siehe Seite 107, ab Schritt 4).

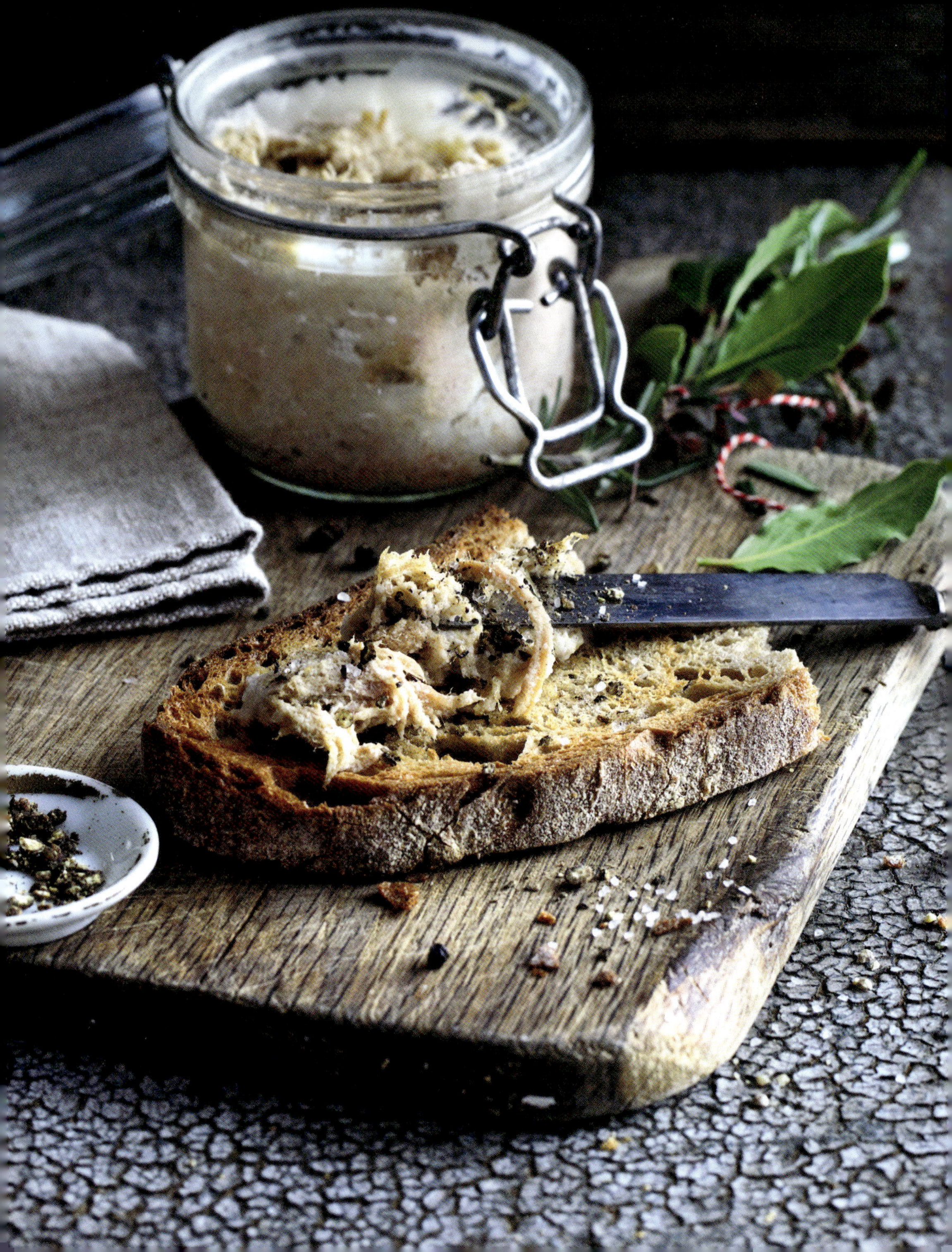

Vorrat im Glas | TERRINEN

Rillettes

unglaublich zartes Fleisch
Zubereitung: ca. 30 Min. | Garen: 4 Std. | Einkochen: ca. 1 Std. 30 Min. |
Haltbarkeit: ca. 4 Monate | Pro Glas: ca. 305 kcal

Für ca. 12 Gläser (à 200 ml)

800 g fetter Schweinebauch (ohne Schwarte)
600 g Schweinefleisch (Schulter ohne Schwarte)
600 g Schweinefleisch (Nacken)
40 g Salz
2 Lorbeerblätter
4 Zweige Thymian
2 Zweige Rosmarin
2 Zwiebeln (ca. 80 g)
5 g gemahlener schwarzer Pfeffer
2 g gemahlener Piment

1 Gesamtes Fleisch von Sehnen und Knorpeln befreien, mit Salz einreiben und kalt stellen. Lorbeer, Thymian sowie Rosmarin waschen und mit Küchengarn zusammenbinden. Zwiebeln schälen, fein würfeln. In einem großen Topf 100 ml Wasser erhitzen. Fleisch, Kräuter und Zwiebeln darin aufkochen. Zugedeckt bei kleiner Hitze 4 Std. köcheln lassen, dabei häufig umrühren. 30 Min. vor Ende der Garzeit Pfeffer und Piment unterrühren. Fleisch abkühlen lassen, dabei häufig umrühren, damit sich das Fett nicht absetzt.

2 Backofen auf 100° vorheizen. Eine große Auflaufform mit hohem Rand mit einem Geschirrtuch auslegen. Fleischmasse in saubere Gläser füllen, dabei 1–2 cm Platz bis zum Rand lassen, da sich die Masse während des Garens ausdehnt. Gläser verschließen und in die Auflaufform stellen, sodass sie sich nicht berühren. So viel heißes Wasser einfüllen, dass die Gläser zu zwei Drittel darin stehen (siehe Seite 107, ab Schritt 4). Im Ofen (Mitte, Umluft 90°) 1 Std. 30 Min. einkochen, bei Bedarf heißes Wasser nachfüllen. Gläser herausnehmen, bei Raumtemperatur abkühlen lassen.

Variante: Braten-Rillettes

Für ca. 6 Gläser (à 400 ml) | **750 g Schweinerückenspeck** 1 cm groß würfeln. **1,5 kg Schweinebauch** 2 cm groß würfeln. Speck bei mittlerer Hitze auslassen. Wenn sich eine ½ cm hohe Fettschicht gebildet hat, den Bauch darin rundum anbraten. Aus dem Topf nehmen, beiseitestellen, Bratfett durch ein Sieb gießen, beiseitestellen. **3 Zwiebeln** und **4 Knoblauchzehen** schälen, fein würfeln. Mit **1 Lorbeerblatt (zerbröselt)**, **1 TL Thymian** und **1 TL Rosmarin** in ein Gewürzsäckchen füllen. **200 ml trockenen Weißwein** in den Topf geben, einmal aufkochen und Bratensatz lösen. Schweinebauch und Gewürzsäckchen dazugeben. Mit leicht geöffnetem Deckel bei kleiner Hitze 4 Std. garen, dabei häufig umrühren und bei Bedarf Wein nachgießen. **15 g Salz**, **4 g gemahlenen schwarzen Pfeffer** und **4 g Quatre Épices** unterrühren. Ca. 1 Std. fertig garen, bis das Fleisch sehr zart, aber noch nicht zerfallen ist. Bratfett in eine Schüssel abgießen. Fleisch mit Gabeln in sehr feine Fäden reißen, Bratfett untermischen. In saubere Gläser füllen, offen abkühlen lassen und verschließen. Gekühlt ca. 2 Wochen haltbar.

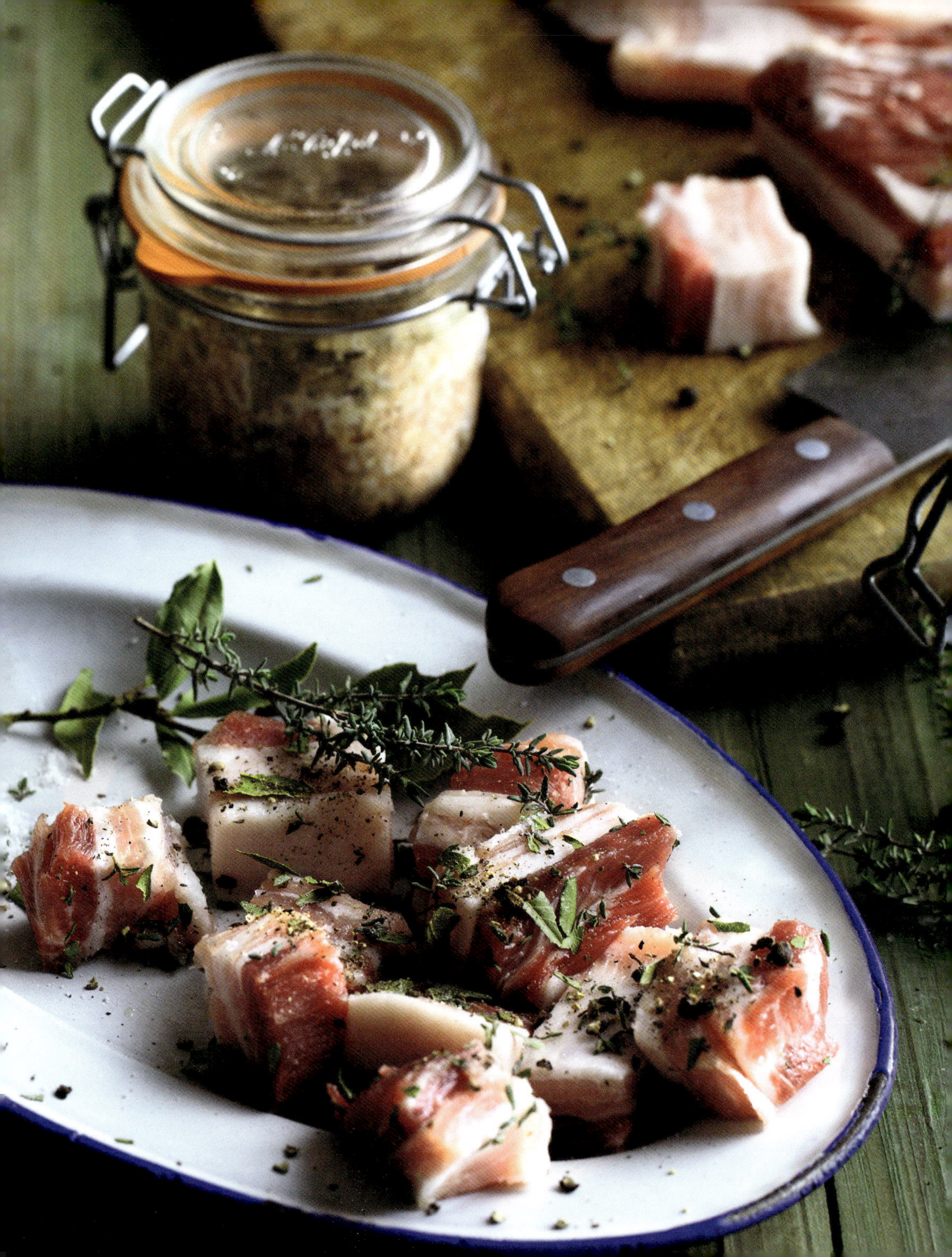

Vorrat im Glas | TERRINEN

Rillons

Spezialität mit wenigen Zutaten
Zubereitung: ca. 45 Min. | Marinieren: 24 Std. | Garen: 4 Std. |
Haltbarkeit: gekühlt ca. 4 Wochen | Pro Glas: ca. 1890 kcal

Für ca. 7 Gläser (à 400 ml)

2 kg Schweinebauch (ohne Schwarte)
3 Lorbeerblätter
4 Zweige Thymian
45 g Salz
6 g frisch gemahlener schwarzer Pfeffer
1 kg Gänseschmalz
750 ml trockener Riesling

1 Schweinebauch sorgfältig von Sehnen und Knorpeln befreien und in ca. 4 × 8 cm große Stücke schneiden. Lorbeerblätter zerbröseln. Thymian waschen und trocken schütteln, die Blätter abstreifen und mit der Hälfte des Salzes vermischen. Die Fleischstücke mit der Kräuter-Salz-Mischung gut einreiben, mit frisch gemahlenem Pfeffer würzen und in einer Schüssel mit Frischhaltefolie abgedeckt 24 Std. an einem kühlen Ort marinieren.

2 Das Fleisch mit Küchenpapier trocken tupfen. In einem großen Bräter 3 EL Gänseschmalz erhitzen und die Fleischstücke darin bei mittlerer Hitze ca. 5 Min. rundum anbraten. Riesling angießen und restliches Salz sowie Gänseschmalz dazugeben.

3 Die Hitze herunterschalten und das Fleisch mit geschlossenem Deckel 1 Std. 30 Min. garen, dabei immer wieder mit einem Holzlöffel wenden. Dann offen bei kleinster Hitze 2 Std. 30 Min. weitergaren, währenddessen mit einer Schöpfkelle immer wieder etwas Fett über die oberen Fleischstücke gießen.

4 Topf vom Herd nehmen und das Fleisch etwas abkühlen lassen. Fleischstücke mit einem Löffel aus dem Topf nehmen und in saubere Gläser füllen, dabei größere Zwischenräume vermeiden und die Gläser nur zu zwei Drittel füllen.

5 Den Topf mit dem verbliebenen Bratfett nochmals erhitzen. Das flüssige Fett durch ein feines Sieb über das Fleisch in den Gläsern gießen, sodass dieses komplett von Fett bedeckt ist. Rillons offen abkühlen lassen und verschließen.

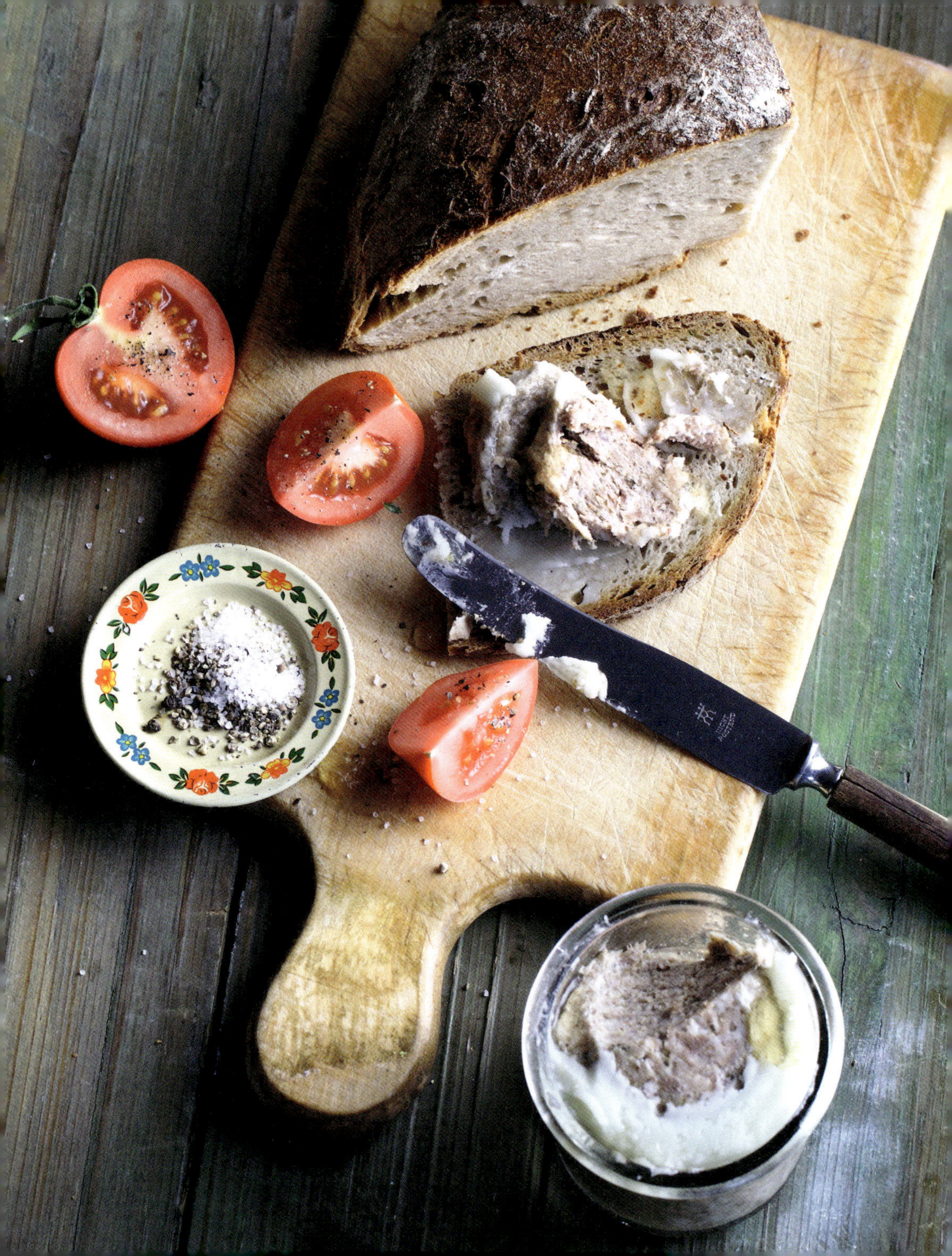

Vorrat im Glas | TERRINEN

Bratwurst im Glas

Wurst ohne Pelle
Vorbereitung: 30 Min. | Zubereitung: ca. 1 Std. 15 Min. | Einkochen: 2 Std. | Haltbarkeit: ca. 4 Monate | Pro Glas: ca. 500 kcal

Für ca. 7 Gläser (à 400 ml)

1 kg fetter Schweinebauch (ohne Schwarte)
1 kg Schweinefleisch (Nacken)
5 Knoblauchzehen
45 g Salz
6 g gemahlener schwarzer Pfeffer
6 g gerebelter Majoran
2 g gemahlener Piment
2 g frisch geriebene Muskatnuss
2 g gemahlener Kardamom
2 g Vitamin-C-Pulver (Ascorbinsäure; aus der Apotheke)

1 Den Schweinebauch und -nacken sorgfältig von Sehnen und Knorpeln befreien, in ca. 2 cm große Würfel schneiden und 30 Min. tiefkühlen. Die beweglichen Fleischwolfteile kalt stellen. Den Knoblauch schälen, fein hacken, mit 2 Prisen Salz bestreuen und mit dem Messerrücken zu einer Paste zerdrücken.

2 Die Fleischwürfel mit dem restlichen Salz bestreuen und durch den Fleischwolf (Lochscheibe 4,5 mm) geben. Die Fleischmasse mit Knoblauchpaste, Pfeffer, Majoran, Piment, Muskatnuss, Kardamom und Zitronensäure in der Küchenmaschine mit dem Knethaken gut vermengen, bis die Masse leicht zu kleben beginnt.

3 Den Backofen auf 150° vorheizen. Eine große Auflaufform mit hohem Rand mit einem Geschirrtuch auslegen. Die Fleischmasse in saubere Gläser füllen. Dabei 1–2 cm Platz bis zum Glasrand lassen, da sich die Masse während des Garens stark ausdehnt. Gläser fest verschließen und in die Auflaufform stellen, sodass sie sich nicht berühren. So viel heißes Wasser einfüllen, dass die Gläser zu zwei Drittel darin stehen.

4 Die Bratwurst im Glas im Ofen (Mitte, Umluft 130°) 2 Std. einkochen, zwischendurch bei Bedarf heißes Wasser nachfüllen. Die Gläser aus der Auflaufform nehmen und bei Raumtemperatur abkühlen lassen.

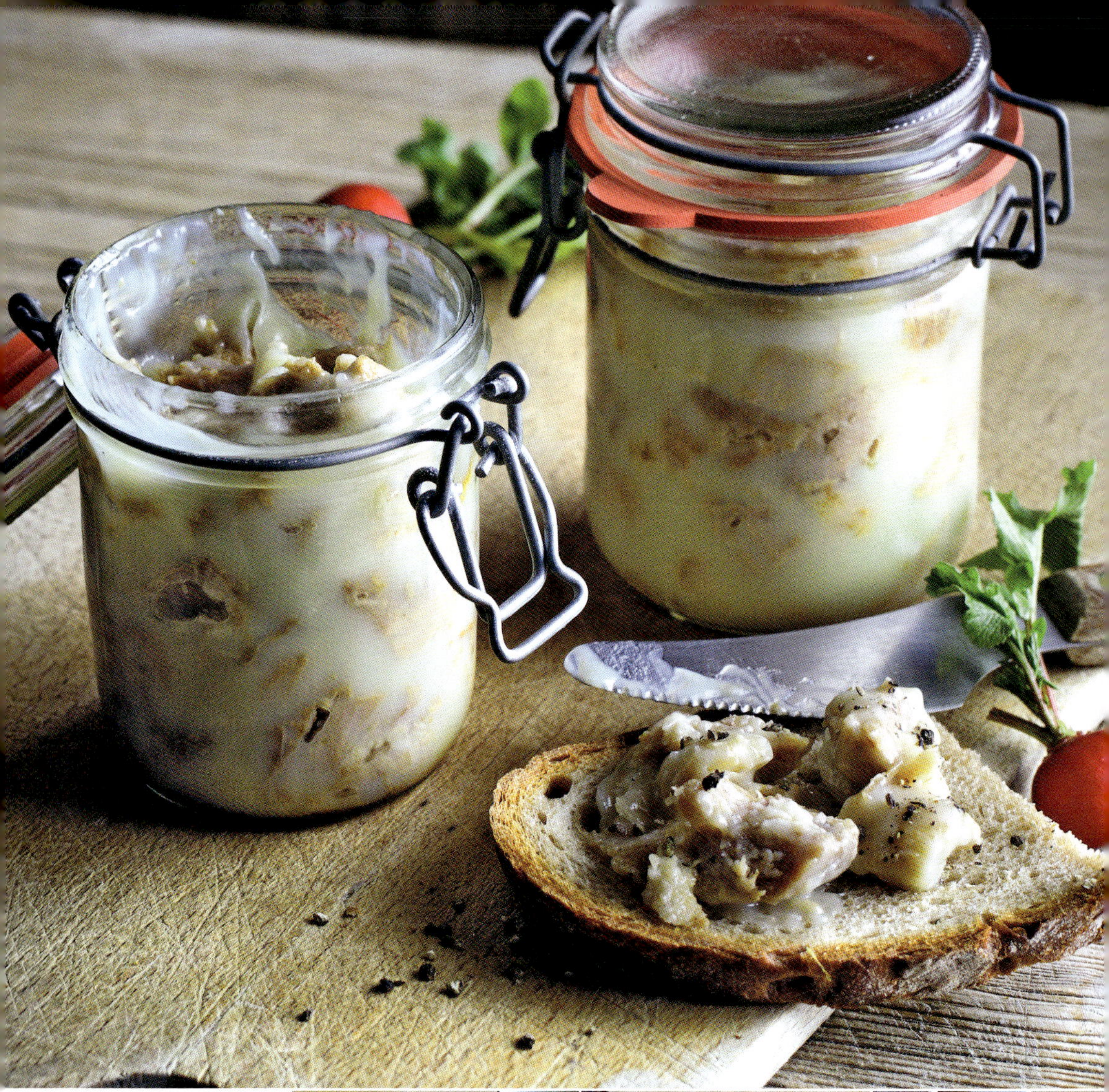

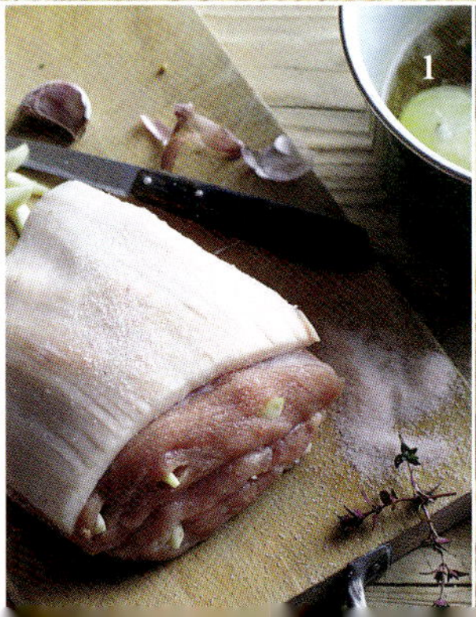
1

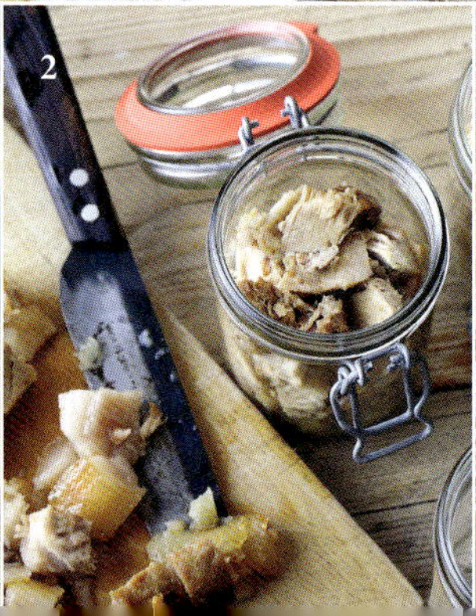
2

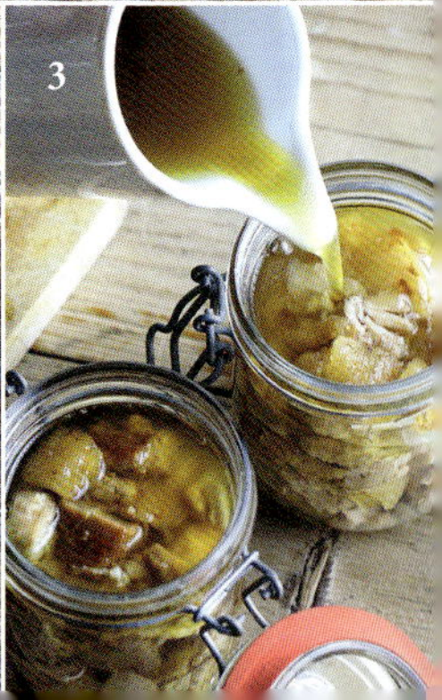
3

Eingemachtes Schweinefleisch

Vorratshit für Überraschungsgäste

Zubereitung: ca. 30 Min. | Garen: 3 Std. | Einkochen: 45 Min. | Haltbarkeit: ca. 6 Monate | Pro Glas: ca. 1185 kcal

Für ca. 7 Gläser (à 400 ml)

500 g Entenschmalz
(ersatzweise Gänseschmalz)
3 kleine Zwiebeln
2 Zweige Thymian
2 Lorbeerblätter
10 g schwarze Pfefferkörner
4 Knoblauchzehen
2 kg Schweinefleisch
(Schulter ohne Schwarte)
100 g Salz

1 Den Backofen auf 100° vorheizen. Das Entenschmalz in einem großen ofenfesten Topf bei kleiner Hitze schmelzen lassen. Inzwischen die Zwiebeln schälen und halbieren. Die Thymianzweige waschen und trocken schütteln. Zwiebelhälften, Thymianzweige, Lorbeerblätter und Pfefferkörner in den Topf zum Schmalz geben.

2 Den Knoblauch schälen und in Stifte schneiden. In die Schweineschulter mit einem spitzen Messer kleine Taschen einstechen und jeweils 1 Knoblauchstift hineinstecken (**Bild 1**). Das Fleisch mit dem Salz gut einreiben, dann zur Schmalzmischung in den Topf geben und mit geschlossenem Deckel im Ofen (Mitte, Umluft 90°) 3 Std. garen.

3 Das Fleisch mit einem Schaumlöffel aus dem Topf heben und in eine große Schüssel geben. Den Bratensaft mit dem Fett durch ein Sieb über das Fleisch gießen. Das Fleisch im Bratensaft abkühlen lassen. Das Fleisch in 2–3 cm große Stücke schneiden und in die Gläser verteilen (**Bild 2**). Jeweils mit so viel von der Bratensaft-Fett-Mischung übergießen, dass die Fleischstücke 2 cm hoch bedeckt sind (**Bild 3**). Die Gläser nicht verschließen.

4 Eine große Auflaufform mit hohem Rand mit einem Geschirrtuch auslegen. Die gefüllten Gläser hineinstellen, sodass sie sich nicht berühren. Die Deckel lose auf die Gläser legen. So viel heißes Wasser in die Form füllen, dass die Gläser zu zwei Dritteln darin stehen.

5 Das Fleisch im Ofen (Mitte) 45 Min. einkochen, zwischendurch bei Bedarf kochend heißes Wasser in die Auflaufform nachgießen. Die Gläser aus der Auflaufform nehmen und mit den Deckeln fest verschließen. Das eingemachte Schweinefleisch bei Raumtemperatur abkühlen lassen.

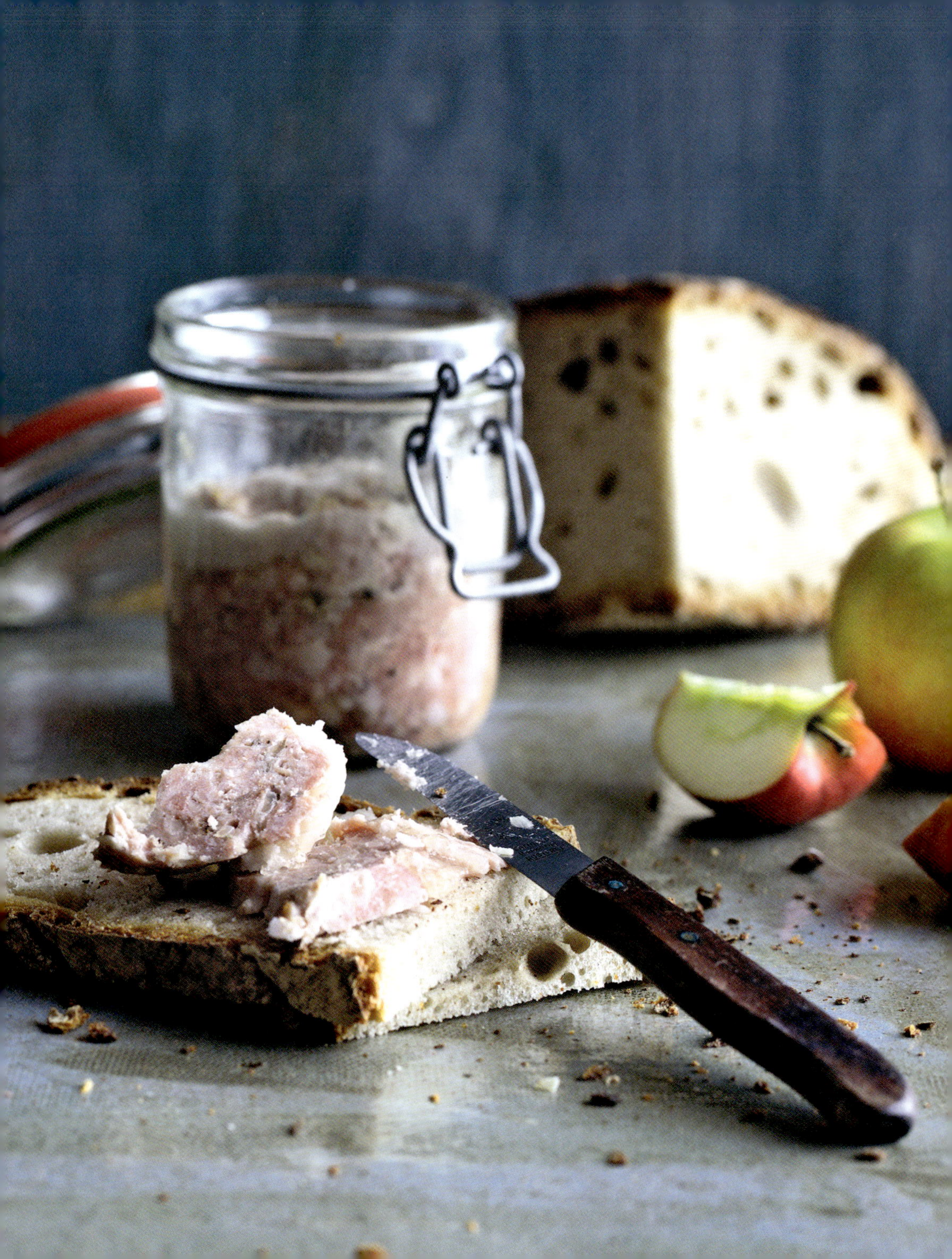

Vorrat im Glas | TERRINEN

Gekochte Zwiebelmettwurst

raffiniert und deftig

Vorbereitung: 1 Std. | Zubereitung: ca. 45 Min. | Einkochen: ca. 3 Std. | Haltbarkeit: ca. 4 Monate | Pro Glas: ca. 410 kcal

Für ca. 7 Gläser (à 400 ml)

800 g fetter Schweinebauch (ohne Schwarte)
800 g Schweinefleisch (Nacken)
4 große Zwiebeln (ca. 250 g)
2 Knoblauchzehen
30 g Nitritpökelsalz
10 g gemahlener schwarzer Pfeffer
5 g Zucker
3 g gemahlene Muskatblüte

1 Den Schweinebauch sorgfältig von Sehnen und Knorpeln befreien, zusammen mit dem Schweinenacken in ca. 2 cm große Würfel schneiden und 1 Std. kalt stellen. Die beweglichen Fleischwolfteile ebenfalls kalt stellen.

2 Die Zwiebeln schälen und sehr fein schneiden, die Knoblauchzehen schälen und durchpressen. Das Fleisch mit dem Pökelsalz bestreuen und durch den Fleischwolf (Lochscheibe 8 mm) geben. Fleischmasse mit Zwiebeln, Knoblauch, Pfeffer, Zucker und Muskatblüte locker vermischen. Gegebenenfalls mit Salz und Pfeffer nachwürzen.

3 Eine große Auflaufform mit hohem Rand mit einem Geschirrtuch auslegen. Fleischmasse in saubere Gläser füllen. Dabei 1–2 cm Platz bis zum Glasrand lassen, da sich die Masse während des Garens stark ausdehnt. Gläser verschließen und in die Auflaufform stellen, sodass sie sich nicht berühren. So viel heißes Wasser einfüllen, dass die Gläser zu zwei Drittel darin stehen (siehe Seite 107).

4 Die Auflaufform mit den Gläsern in den kalten Backofen (Mitte) stellen und den Ofen auf 90° (Umluft 80°) einschalten. Die Zwiebelmettwurst 3 Std. einkochen, zwischendurch bei Bedarf heißes Wasser nachgießen. Die Gläser in der Auflaufform erkalten lassen.

Clever arbeiten

Die Wurst in diesem Rezept wird sehr lange eingekocht. Daher müssen Sie das Fleisch nicht unbedingt direkt vor der Zubereitung wolfen, sondern können auch mit **fertig gekauftem Schweinehackfleisch** arbeiten. Bitten Sie einfach Ihren Metzger, den Schweinebauch und den Nacken durch den Fleischwolf zu drehen.

Zwetschgenchutney

Herbsterinnerung

Für 5 Gläser (à 200 ml) | 1 kg Zwetschgen waschen, halbieren, entsteinen. Die Hälften in je 4 Stücke schneiden. Mit **250 g Roh-Rohrzucker** und **1 TL Meersalz** mischen. Mit Frischhaltefolie abgedeckt 12 Std. ziehen lassen. **200 g rote Zwiebeln** schälen, fein würfeln. **10 g Ingwer** schälen, reiben. Zwetschgen, Zwiebeln, **abgeriebene Schale** und **Saft von 1 Bio-Zitrone**, Ingwer, **200 ml Balsamico bianco** und **2 g Quatre Épices** in einem Topf aufkochen lassen. Bei kleiner Hitze unter häufigem Rühren 30 Min. einköcheln. Mit **Salz**, **Zucker** und **Zitronensaft** abschmecken und weiterköcheln, bis an der Oberfläche fast keine Flüssigkeit mehr zu sehen ist. Heiß in saubere Gläser füllen, verschließen und umgedreht abkühlen lassen. Bis zu 1 Jahr haltbar.

Feigensenf

Feinschmecker-Klassiker

Für 5 Gläser (à 200 ml) | 1 kg frische Feigen waschen, 1 cm groß würfeln und mit **50 g Roh-Rohrzucker** sowie **1 TL Meersalz** mischen. Mit Frischhaltefolie abgedeckt 2 Std. ziehen lassen. **200 g rote Zwiebeln** schälen, fein würfeln. **10 g Ingwer** schälen, reiben. **1 TL Senfkörner** in einem Topf in **1 TL Öl** kurz anrösten. Zwiebeln kurz mitrösten, ohne dass sie Farbe annehmen. Feigenmischung, **50 ml Balsamico bianco** und **100 ml trockenen Weißwein** unterrühren. Bei kleiner Hitze unter häufigem Rühren 20 Min. einköcheln lassen. Mit **Salz**, **frisch gemahlenem schwarzem Pfeffer**, **Zucker** und **Zitronensaft** abschmecken. **1 TL gelbes Senfmehl** einrühren. Heiß in saubere Gläser füllen, verschließen und umgedreht abkühlen lassen. Bis zu 1 Jahr haltbar.

Apfelchutney

mit leichter Schärfe

Für 5 Gläser (à 200 ml) | 1 kg **Äpfel** (z. B. Boskop) waschen, vierteln, entkernen und klein schneiden. **250 g rote Zwiebeln** schälen, fein würfeln, mit den Äpfeln sowie **100 ml Wasser** in einem Topf aufkochen und 5 Min. bei kleiner Hitze köcheln lassen. **1 rote Chilischote (mittelscharf)** waschen und fein hacken. **1 TL schwarze Pfefferkörner**, **1 TL Korianderkörner** und **1 TL gelbe Senfkörner** im Mörser zerstoßen. **10 g Ingwer** schälen und reiben. Alle Gewürze, **450 g Roh-Rohrzucker**, **2 TL Salz** und **400 ml Apfelessig** in den Topf zu den Äpfeln geben und unter häufigem Rühren 30 Min. weiterköcheln lassen. Mit **Salz**, **Zucker** und **Zitronensaft** abschmecken. Heiß in saubere Gläser füllen, verschließen und umgedreht abkühlen lassen. Bis zu 1 Jahr haltbar.

Pfefferkirschen

ganz schön raffiniert!

Für 5 Gläser (à 200 ml) | 1 kg **Süßkirschen** waschen, halbieren, entsteinen und mit **150 g Roh-Rohrzucker** sowie **1 Msp. Meersalz** mischen. Mit Frischhaltefolie abgedeckt 1 Std. ziehen lassen. **Je 2 TL schwarze, getrocknete grüne** und **rote Pfefferkörner** sowie **2 TL Korianderkörner** im Mörser grob zerstoßen. Kirschmischung mit Gewürzen, **abgeriebener Schale** und **Saft von 1 Bio-Orange** sowie **100 ml Rotweinessig** in einem Topf einmal aufkochen und bei kleiner Hitze unter häufigem Rühren 30 Min. einköcheln lassen. Mit **Salz**, **Zucker** und **Zitronensaft** abschmecken und weiterköcheln, bis an der Oberfläche fast keine Flüssigkeit mehr zu sehen ist. Heiß in saubere Gläser füllen, verschließen und umgedreht abkühlen lassen. Bis zu 1 Jahr haltbar.

A

Abbinden von Wurst 19
Abdrehen von Wurst 19
Abkühlen von Wurst 19
Apfel
 Apfelchutney 121
 Calvados-Bratwurst 29
 Französische Blutwurst 75
Armagnac
 Kalbspastete 103
 Landterrine 99
Aufschnittdarm: Gelbwurst 62

B

Bändeldarm: Coburger
 Bratwurst 24
Bauernseufzer 81
Bierschinken 67
Blutwurst: Französische
 Blutwurst 75
Botifarra al Escalivada
 (Variante) 39
Braten-Rillettes (Variante) 111
Bratklößchen-Ragout
 (Clever serviert) 37
Bratwurst 7, 21–47
 Bratwurst im Glas 115
 Bratwurst in Pilzsauce
  (Clever serviert) 23
 Calvados-Bratwurst 29
 Chorizo 39
 Coburger Bratwurst 24
 Currywurst 27
 Englische Frühstückswurst 31
 Entenbratwurst Asia Style 43
 Geflügel-Merguez 42
 Griechische Bratwurst 34
 Grobe Bratwurst 23
 Merguez 41
 Münsterländer Bratwurst 25
 Nürnberger Bratwurst 24
 Rehbratwurst 28

 Salsiccia 33
 Schlesische Bratwurst 37
 Südafrikanische
  Bratwurstschnecke 45
 Thailändische Bratwurst 47
 Thüringer Bratwurst 25
 Ungarische Bratwurst 35
Brühen von Wurst 19
Brühwurst 7, 49–75
 Bierschinken 67
 Burenwurst (Variante) 57
 Cervelas de Lyon 71
 Debrecziner 57
 Französische Blutwurst 75
 Gelbwurst 62
 Hallauer Schinkenwurst
  (Variante) 67
 Jagdwurst 69
 Kalbswurst mit Steinpilzen
  (Variante) 51
 Käsekrainer 59
 Lyoner 63
 Mortadella 61
 Münchner Weißwurst 51
 Niederländische Rauchwurst 73
 Regensburger Würstchen 55
 Schübling 53
 Schwedische Fleischwurst 72
 Wiener Würstchen 52
Burenwurst (Variante) 57

C

Calvados-Bratwurst 29
Cervelas de Lyon 71
Cervelas in Brioche-Teig
 (Clever serviert) 71
Chili
 Geflügel-Merguez 42
 Merguez 41
 Salsiccia 33
 Sucuk 87
 Thailändische Bratwurst 47
 Chorizo 39

Chutney
 Apfelchutney 121
 Zwetschgenchutney 120
 Coburger Bratwurst 24
 Currysauce (Cleveres Dazu) 27
 Currywurst 27

D

Därme
 Buttdarm 11
 Füllen 19
 Kaliber 11
 Kranzdarm 11
 Kunstdarm 11
 Saitling 11
 Schweinedarm (Bratdarm) 11
 Vorbereitung 11, 19
Debrecziner 57

E

Eingekochte Wurst
 Bratwurst im Glas 115
 Eingemachtes
  Schweinefleisch 117
 Gewürzleberwurst 107
 Italienische Leberwurst 109
 Kalbsleberwurst 108
 Kräuterleberwurst 109
 Landleberwurst 108
 Leberkäse im Glas
  (Clever variieren) 105
 Rillettes 111
 Rillons 113
Einkochen von Wurst 11
Eisschnee (Clever gewusst) 55
Englische Frühstückswurst 31
English Breakfast
 (Clever servieren) 31
Ente
 Eingemachtes
  Schweinefleisch 117
 Entenbratwurst Asia Style 43

F

Feigensenf 120
Fleisch
  Kühlen 19
  Qualität 9
  Sorten 9
Fleischwolf 15
Französische Blutwurst 75

G

Geflügel-Merguez 42
Geflügelfleisch
  Entenbratwurst Asia Style 43
  Geflügel-Merguez 42
  Warenkunde 9
Gekochte Zwiebelmettwurst 119
Gelbwurst 62
Geräucherte Wurst
  Bauernseufzer 81
  Burenwurst (Variante) 57
  Debrecziner 57
  Grobe Mettwurst 93
  Hallauer Schinkenwurst
    (Variante) 67
  Kabanossi 83
  Käsekrainer 59
  Lammsalami (Variante) 89
  Landjäger 79
  Lyoner 63
  Mettenden 84
  Mini-Pfeffersalami 85
  Niederländische Rauchwurst 73
  Pfefferbeißer 80
  Rauchpeitschen 86
  Regensburger Würstchen 55
  Salami mit Rotwein 89
  Schübling 53
  Schwedische Fleischwurst 72
  Streichmettwurst 95
  Teewurst 92
  Wiener Würstchen 52
  Zervelat 91

Gewürze 13
Gewürzleberwurst 107
Griechische Bratwurst 34
Grobe Bratwurst 23
Grobe Mettwurst 93
Grober Senf 65

H

Hähnchenfleisch
  Geflügel-Merguez 42
  Sommerterrine 101
  Hallauer Schinkenwurst
    (Variante) 67
Hühnerleber: Landterrine 99

I J

Italienische Leberwurst 109
Jagdwurst 69

K

Kabanossi 83
Kalbfleisch
  Gelbwurst 62
  Gewürzleberwurst 107
  Kalbsleberwurst 108
  Kalbspastete 103
  Kalbswurst mit Steinpilzen
    (Variante) 51
  Landterrine 99
  Münchner Weißwurst 51
  Schlesische Bratwurst 37
  Sommerterrine 101
  Warenkunde 9
Kalbsleber
  Kalbsleberwurst 108
  Kalbspastete 103
Kapern: Italienische
  Leberwurst 109
Käsekrainer 59
Kirschen: Pfefferkirschen 121
Kneten der Wurstmasse 19

Knoblauch

Bauernseufzer 81
Bratwurst im Glas 115
Chorizo 39
Debrecziner 57
Griechische Bratwurst 34
Käsekrainer 59
Merguez 42
Salami mit Rotwein 89
Sucuk 87
Ungarische Bratwurst 35
Kochsalamidarm: Hallauer
  Schinkenwurst (Variante) 67
Kräuter
  Kräuter-Salsiccia (Variante) 33
  Kräuterleberwurst 109
  Kräutersenf 64
Küchenmaschine 15
Kunstdarm
  Grobe Mettwurst 93
  Salami mit Rotwein 89
  Teewurst 92
  Zwiebelmettwurst (Variante) 95

L

Lammfleisch
  Griechische Bratwurst 34
  Lammsalami (Variante) 89
  Merguez 41
  Sucuk 87
  Warenkunde 9
Landjäger 79
Landleberwurst 108
Landterrine 99
Leberkäse 105
Leberwurst
  Gewürzleberwurst 107
  Italienische Leberwurst 109
  Kalbsleberwurst 108
  Kräuterleberwurst 109
  Landleberwurst 108
Lyoner 63

123

M

Merguez 41
Messer 15
Mettenden 84
Mettwurst
  Gekochte Zwiebel-
    mettwurst 119
  Streichmettwurst 95
  Zwiebelmettwurst
    (Variante) 95
Mortadella 61
Münchner Weißwurst 51
Münsterländer Bratwurst 25

N | O

Naturfaserdarm
  Bierschinken 67
  Jagdwurst 69
  Mortadella 61
Naturin-Darm: Streich-
  mettwurst 95
Niederländische Rauchwurst 73
Nitritpökelsalz
  (Clever gewusst) 59
Nürnberger Bratwurst 24
Ofengemüse (Cleveres Dazu) 41

P

Paprikapulver
  Chorizo 39
  Debrecziner 57
  Kabanossi 83
  Mini-Pfeffersalami 85
  Pfefferbeißer 80
  Ungarische Bratwurst 35
Paprikaschoten: Botifarra al
  Escalivada (Variante) 39
Pastete: Kalbspastete 103
Pfeffer
  Mini-Pfeffersalami 85
  Pfefferbeißer 80
  Pfefferkirschen 121

Pilze
  Bratwurst in Pilzsauce
    (Clever serviert) 23
  Kalbswurst mit Steinpilzen
    (Variante) 51
  Rehbratwurst 28
  Sommerterrine 101
Pistazien
  Cervelas de Lyon 71
  Mortadella 61
  Sommerterrine 101
Pökellake (Clever gewusst) 61
Pökelsalz (Clever gewusst) 59

R

Ragout: Bratklößchen-Ragout
  (Clever serviert) 37
Räuchern
  Heißräuchern 17
  Holzarten 17
  Kalträuchern 17
  Rauchpeitschen 86
  Regensburger Würstchen 55
  Rehbratwurst 28
Rehfleisch: Rehbratwurst 28
Rillettes
  Braten-Rillettes (Variante) 111
  Rillettes 111
  Rillons 113
Rinderkranzdarm
  Cervelas de Lyon 71
  Französische Blutwurst 75
  Lyoner 63
  Niederländische Rauch-
    wurst 73
  Regensburger Würstchen 55
  Sucuk 87
Rindermitteldarm: Schwedische
  Fleischwurst 72
Rindfleisch
  Bierschinken 67
  Burenwurst (Variante) 57
  Chorizo 39

Coburger Bratwurst 24
Hallauer Schinkenwurst
  (Variante) 67
Jagdwurst 69
Kabanossi 83
Käsekrainer 59
Landjäger 79
Lyoner 63
Mortadella 61
Münsterländer Bratwurst 25
Niederländische Rauch-
  wurst 73
Regensburger Würstchen 55
Schübling 53
Schwedische Fleischwurst 72
Sucuk 87
Südafrikanische
  Bratwurstschnecke 45
Teewurst 92
Thüringer Bratwurst 25
Warenkunde 9
Wiener Würstchen 52
Zervelat 91
Rohwurst 7, 77–95
  Bauernseufzer 81
  Grobe Mettwurst 93
  Kabanossi 83
  Lammsalami (Variante) 89
  Landjäger 79
  Mettenden 84
  Mini-Pfeffersalami 85
  Pfefferbeißer 80
  Rauchpeitschen 86
  Starterkultur 15
  Streichmettwurst 95
  Sucuk 87
  Teewurst 92
  Zervelat 91
Rotwein
  Lammsalami (Variante) 89
  Salami mit Rotwein 89

S

Saitling
Burenwurst (Variante) 57
Currywurst 27
Debrecziner 57
Entenbratwurst Asia Style 43
Geflügel-Merguez 42
Kalbswurst mit Steinpilzen (Variante) 51
Käsekrainer 59
Kräuter-Salsiccia (Variante) 33
Merguez 42
Mettenden 84
Münsterländer Bratwurst 25
Nürnberger Bratwurst 24
Pfefferbeißer 80
Rauchpeitschen 86
Schlesische Bratwurst 37
Thailändische Bratwurst 47
Thüringer Bratwurst 25
Wiener Würstchen 52

Salami
Lammsalami (Variante) 89
Mini-Pfeffersalami 85
Salami mit Rotwein 89
Salsiccia 33

Sardellen: Italienische Leberwurst 109
Scharfer Senf 65

Schinkenwurst: Hallauer Schinkenwurst (Variante) 67
Schlesische Bratwurst 37
Schübling 53
Schwedische Fleischwurst 72
Schweineblut (Clever gewusst) 75

Schweinedarm
Bauernseufzer 81
Botifarra al Escalivada (Variante) 39
Calvados-Bratwurst 29
Chorizo 39
Englische Frühstückswurst 31
Griechische Bratwurst 34
Grobe Bratwurst 23
Kabanossi 83
Landjäger 79
Münchner Weißwurst 51
Rehbratwurst 28
Salsiccia 33
Schübling 53
Südafrikanische Bratwurstschnecke 45
Ungarische Bratwurst 35
Wiener Würstchen 52

Schweinefettenden: Zervelat 91

Schweinefleisch
Bauernseufzer 81
Bierschinken 67
Botifarra al Escalivada (Variante) 39
Braten-Rillettes (Variante) 111
Bratwurst im Glas 115
Burenwurst (Variante) 57
Calvados-Bratwurst 29
Cervelas de Lyon 71
Chorizo 39
Coburger Bratwurst 24
Currywurst 27
Debrecziner 57
Eingemachtes Schweinefleisch 117
Englische Frühstückswurst 31
Gekochte Zwiebelmettwurst 119
Gelbwurst 62
Gewürzleberwurst 107
Griechische Bratwurst 34
Grobe Bratwurst 23
Grobe Mettwurst 93
Hallauer Schinkenwurst (Variante) 67
Italienische Leberwurst 109
Jagdwurst 69
Kabanossi 83
Kalbsleberwurst 108
Kalbspastete 103
Käsekrainer 59
Kräuter-Salsiccia (Variante) 33
Kräuterleberwurst 109
Lammsalami (Variante) 89
Landjäger 79
Landleberwurst 108
Landterrine 99
Leberkäse 105
Lyoner 63
Mettenden 84
Mini-Pfeffersalami 85
Mortadella 61
Münsterländer Bratwurst 25
Niederländische Rauchwurst 73
Nürnberger Bratwurst 24
Pfefferbeißer 80
Rauchpeitschen 86
Regensburger Würstchen 55
Rehbratwurst 28
Rillettes 111
Rillons 113
Salami mit Rotwein 89
Salsiccia 33
Schlesische Bratwurst 37
Schübling 53
Schwedische Fleischwurst 72
Streichmettwurst 95
Südafrikanische Bratwurstschnecke 45
Teewurst 92
Thailändische Bratwurst 47
Thüringer Bratwurst 25
Ungarische Bratwurst 35
Warenkunde 9
Zervelat 91
Zwiebelmettwurst (Variante) 95

Schweineleber
Gewürzleberwurst 107
Italienische Leberwurst 109

REGISTER | Bezugsadressen

Kräuterleberwurst 109
Landleberwurst 108
Schweineschwarte, gekochte (Clever bevorraten) 59
Senf
Feigensenf 120
Grober Senf 65
Kräutersenf 64
Scharfer Senf 65
Süßer Senf 64
Senfkörner: Jagdwurst 69
Sommerterrine 101
Speck: Warenkunde 9
Starterkultur (Clever gewusst) 79
Streichmettwurst 95
Sucuk 87
Südafrikanische Bratwurstschnecke 45

| T |

Teewurst 92
Terrine 7, 97–121
Formen 11
Landterrine 99
Sommerterrine 101
Thailändische Bratwurst 47
Thermometer 15
Thüringer Bratwurst 25

| U |

Umröten (Clever gewusst) 59
Ungarische Bratwurst 35

| W |

Waage 15
Weißwurst: Münchner Weißwurst 51
Wiener Würstchen 52

Wildfleisch
Rehbratwurst 28
Warenkunde 9
Wurstfüller 15
Wurstgarn 15
Wurstsorten 7

| Z |

Zervelat 91
Zwetschgenchutney 120
Zwiebel
Calvados-Bratwurst 29
Chorizo 39
Französische Blutwurst 75
Gekochte Zwiebelmettwurst 119
Kräuterleberwurst 109
Landleberwurst 108
Schwedische Fleischwurst 72
Zwiebelmettwurst (Variante) 95

Bezugsadressen

Fleischereibedarf

www.daerme-schoenhofer.de – Spezialist für Därme aller Art, vor allem Naturdärme

www.fleischerbedarf.eu – Schwerpunkt Geräte, viele Ersatzteile für Fleischwölfe, Lochscheiben, Flügelmesser

www.fleischereibedarf-online.de – umfangreiche Auswahl an Geräten, dazu Därme und Gewürze

www.hausschlachtebedarf.de – Onlineshop für Hobbymetzger und Profis gleichermaßen; umfangreiches Angebot an Geräten, Zubehör und Därmen

www.metzgereibedarf-bergmann.de – Messer, Fleischwölfe, Wurstfüller. Lieferung auch an private Kunden

Gewürze & Kräuter

www.greuther-teeladen.de – Gewürze und Gewürzzubereitungen

www.madavanilla.de – große Auswahl an Bio-Gewürzen, vor allem Pfeffer, direkt vom Erzeuger. Versand auch in haushaltsüblichen Mengen

Gläser & Terrinenformen

www.einkochzeit.de – Einmachgläser aller Art

www.flaschenland.de – Einmachgläser aller Art

www.kochform.de – Terrinen- und Pastetenformen

www.kuechendepot.de – Terrinen- und Pastetenformen

EINFACH GESÜNDER LEBEN

Jetzt GU BALANCE 14 Tage kostenlos testen. Ganz ohne Risiko!

DEIN CODE: BUCH-EZ-HE-15-2-KW

www.gu-balance.de

🍲 ERNÄHRUNG 🏋 BEWEGUNG 🧘 ENTSPANNUNG

GU BALANCE: DEIN ONLINE-PROGRAMM FÜR EIN AUSGEWOGENES LEBEN

Dein „Wie-für-Dich-gemacht"-Weg, um dauerhaft fitter, schlanker und entspannter zu sein.

Jeden Tag neue Rezepte für eine gezielte Ernährungsumstellung

Fitnessvideos für ein zeitsparendes Home-Workout

Einfache Entspannungstipps für bewusste Atempausen

98% der Trendsetter gefällt die GU Balance-Website! (trendsetter.eu, April 15)

Mit getesteter Erfolgs-Garantie vom Ratgeber-Marktführer G|U

G|U BALANCE

www.gu-balance.de

SERVICE | Impressum

Der Autor **Harald Scholl** hat sein Hobby zum Berufsschwerpunkt gemacht. Der gelernte TV-Journalist hat über 20 Jahre die Themen Ernährung, Wein und Lebensmittelproduktion in Filmen bearbeitet. Unter www.tellerschubser.de schreibt er über seine kulinarischen Erlebnisse. Als langjähriges, aktives Mitglied der internationalen Slow-Food-Bewegung gilt sein besonderes Interesse der regionalen Küche, lokalen Produkten und Erzeugern. Für dieses Buch hat er sich von traditionellen Rezepten inspirieren lassen und sie neu interpretiert.

Die Fotografinnen **Ulrike Schmid** und **Sabine Mader** arbeiten seit Jahren als eingespieltes Team in ihrem Fotostudio **Fotos mit Geschmack**. Geholfen haben bei dieser Produktion **Felix Schmid** und **Monika Schuster**.

Syndication: www.jalag-syndication.de

Titelbildrezept: Gekochte Zwiebelmettwurst, S. 119

© **2015 GRÄFE UND UNZER VERLAG GmbH, München**
Alle Rechte vorbehalten. Nachdruck, auch auszugsweise, sowie die Verbreitung durch Film, Funk, Fernsehen und Internet, durch fotomechanische Wiedergabe, Tonträger und Datenverarbeitungssysteme jeglicher Art nur mit schriftlicher Genehmigung des Verlages.

Projektleitung: Tanja Dusy

Lektorat: Karin Kerber

Korrektorat: Karin Leonhart

Innen- und Umschlaggestaltung: independent MedienDesign, Horst Moser, München

Herstellung: Markus Plötz

Satz: Knipping Werbung GmbH, Berg am Starnberger See

Reproduktion: Longo AG, Bozen

Druck und Bindung: Werbedruck Schreckhase, Spangenberg

ISBN 978-3-8338-4795-0

1. Auflage 2015

www.facebook.com/gu.verlag

Ein Unternehmen der
GANSKE VERLAGSGRUPPE

DIE GU-QUALITÄTS-GARANTIE

Liebe Leserin, lieber Leser,
wir möchten Ihnen mit den Informationen und Anregungen in diesem Buch das Leben erleichtern und Sie inspirieren, Neues auszuprobieren. Alle Informationen werden von unseren Autoren gewissenhaft erstellt und von unseren Redakteuren sorgfältig ausgewählt und mehrfach geprüft. Deshalb bieten wir Ihnen eine 100%ige Qualitätsgarantie. Sollten wir mit diesem Buch Ihre Erwartungen nicht erfüllen, lassen Sie es uns bitte wissen. Sie erhalten von uns kostenlos einen Ratgeber zum gleichen oder einem ähnlichen Thema. Wir freuen uns auf Ihre Rückmeldung, auf Lob, Kritik und Anregungen, damit wir für Sie immer besser werden können.

GRÄFE UND UNZER Verlag
Leserservice
Postfach 86 03 13
81630 München
E-Mail:
leserservice@graefe-und-unzer.de

Telefon: 00800 – 72 37 33 33*
Telefax: 00800 – 50 12 05 44*
Mo–Do: 8.00–18.00 Uhr
Fr: 8.00–16.00 Uhr
(* gebührenfrei in D, A, CH)

Ihr GRÄFE UND UNZER Verlag
Der erste Ratgeberverlag – seit 1722.